JN111865

日常会話からSNS、ビジネスまで使える！

リアル英語 語

REAL ENGLISH
PHRASE

フレーズ

Hapa英会話
ジュン・セニサック 著

ナツメ社

　これまで数多くの生徒さんに英語を教えてきて感じたこと、また私自身が日本語を勉強してきて感じたことは、多くの教材には役立つ表現がたくさん含まれているにもかかわらず、例文が実践的ではないということです。「言葉の意味は何となくわかるけど、例文を読んでも使い方がいまいちよくわからない」「実際にどんなシーンでこの例文を使えばいいのかイメージが全くわかない」と思ったことはありませんか？　反対に、外国人の友だちと会話をしているときや英語のテレビ番組を見ているときに、最近勉強したばかりの表現を耳にし、「あ、この表現知ってる！　この前、勉強した表現だ。なるほど、こういう風にこのフレーズを使うんだ！」とワクワクしたことはありませんか？

　単語や表現は、定義を読むから理解できるのではなく、

リアルな会話の中で、または好きなテレビ番組や映画の中で実際に使われているのを見聞きすることで、初めてその言葉の本当の意味と使い方が理解できるのだと思います。どんな場面で、どんな人が、どんな風にその表現を使っているかがしっかりイメージできれば、表現や例文は頭に残りやすくなります。

　本書でご紹介する表現や例文は、私が友人や同僚、家族と会話をしているシーンを想像しながら書いているので、日常会話でよく使われる実践的なものばかりです。この本を手に取ってくださったあなたが、英語を心で感じながら様々な表現を身につけてくださることを願っています。

ジュン・セニサック

本書の使い方

本書では、日常会話やSNS、さらにビジネスでも使えるフレーズを、101の項目に分けて紹介していきます。どれも、ネイティブが普段の会話で使っている実践的なものばかり！　パソコンやスマートフォン、タブレットから、音声も聞けます。

❶ 例文

紹介するフレーズを実際の会話で再現しました。右ページの解説を参考に、理解を深めましょう。

❷ ビジネスマーク

ビジネスにも適したフレーズには、このマークが付いています。

❸ フォーマル、カジュアル指数

⇐▭ フォーマルの度合いを表します。
矢印の先に向かうほど、よりフォーマ
ルなニュアンスに。

▭⇒ カジュアルの度合いを表します。
矢印の先に向かうほど、よりカジュア
ルなニュアンスに。

❺ 解説

各フレーズの解説です。単語や熟語の
意味、フレーズを使用するのに適した
シチュエーションの解説などを盛り込
みました。

❹ 適した性別、世代

フレーズを使うのに、特に適した性別、
世代を記載。上から時計回りに、男性、
若者世代、女性を表します。

❻ 音声

各フレーズはすべて英語と日本語の音
声が収録されています。QRコードを
読み取ることで音声を再生できます。

音声について

それぞれのページのQRコードより、音声を再生することができます。
まとめてダウンロードされる場合は、
ナツメ社ウェブサイト（https://www.natsume.co.jp/）の『日常からSNS、
ビジネスまで使える！ リアル英語フレーズ』のページより音声ダウンロード
が可能です。

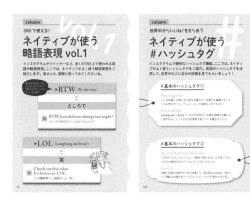

お役立ちコラムも満載！

コラムでは、SNSで役立
つ略語表現や＃ハッシュ
タグ、さらに勘違いしや
すいカタカナ英語などを
紹介します。英語力がさ
らにアップすること間違
いなし！

Contents

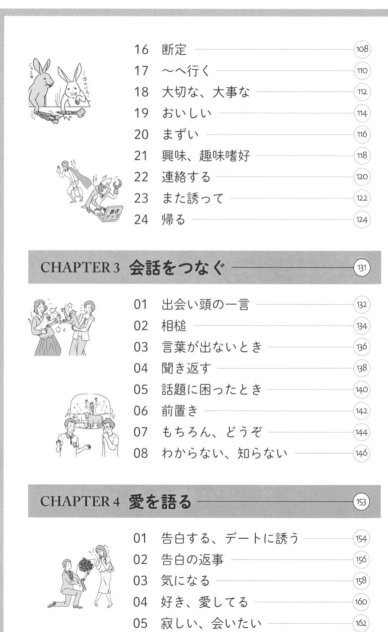

column

CHAPTER1

気持ちを伝える

コミュニケーションの第一歩は、気持ちを伝えることから始まります。
ここでは、「いいね！」「ヤバい」「マジで？」など、
普段使う感情表現のフレーズを紹介します。

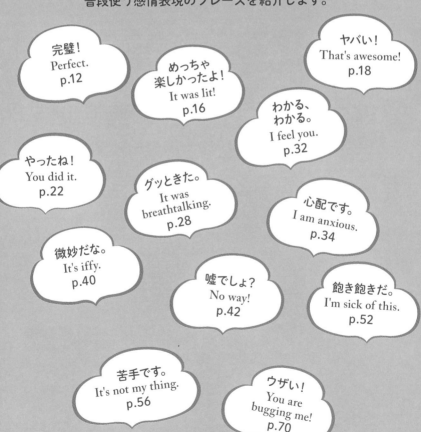

完璧！
Perfect.
p.12

めっちゃ
楽しかったよ！
It was lit!
p.16

ヤバい！
That's awesome!
p.18

わかる、
わかる。
I feel you.
p.32

やったね！
You did it.
p.22

グッときた。
It was
breathtalking.
p.28

心配です。
I am anxious.
p.34

微妙だな。
It's iffy.
p.40

嘘でしょ？
No way!
p.42

飽き飽きだ。
I'm sick of this.
p.52

苦手です。
It's not my thing.
p.56

ウザい！
You are
bugging me!
p.70

◀)) 001

いいね！、最高！

A：Let's go to the beach!
　海に行こうよ！

B：**Sounds good.**
　Let me get ready.
　いいね。準備してくる。

| 1 | Sounds good! | | everyone |

| 2 | Sounds like a plan. | | everyone |

| 3 | Perfect. | | everyone |

| 4 | Tight! | | man & young |

| 5 | Good call. | | everyone |

OK以外の同意するときの言い回し

「OK」と同じ意味をもつ **Sounds good.** は、誘いや提案へ同意するときの返事として、アメリカ人の日常会話で頻繁に使われます。例えば、同僚に **I'll see you tomorrow morning at 8.**（それじゃあ、明日の8時にね）と言われたときは、**Sounds good. Have a good night.**（了解。お疲れさまです）のように返します。

ポジティブに同意するニュアンスです！

いいね！	同意をするときの定番フレーズ。good を great に変えて Sounds great! とすると、「すごくいいね！」の意味合いに。日常会話、ビジネス、SNSと幅広く使えます。
そうしよう！	相手が立てた計画や案に賛成するときに使います。「面白そうだね」や「楽しそうだね」という意味にもなります。
完璧！	2 と同様、相手の提案に賛成、同意するときに使います。「（それで）完璧」。また、「了解です」と言う場合にも使います。「大賛成！」というほどではなく、軽く「そうだね」という場合にも使います。
カッコいい！	本来 tight は「きつい」「狭い」という語ですが、日常会話では、「よい」「素晴らしい」という意味として使われます。Cool! の代わりに若者がよく使うカジュアルな表現です。
いいですね。	誰かの提案や意見に賛同するときによく使われる口語表現。ビジネスシーン寄りの表現ですが、日常会話でも使えます。もとは「いい判断だね」という意味です。

うれしい

A: This is the best day ever. I'm on cloud nine!

今日は最高の一日だわ。
天にも昇る気持ちよ！

B: What happened?
Tell me about it.

何があったの？　教えてよ。

1	She is on cloud nine.

everyone

2	I'm in seventh heaven.

everyone

3	I'm happy for you.

everyone

4	Good for you.

everyone

5	I'm proud of you.

everyone

幸せは雲の高さで表す

直訳すると、「9番目の雲の上」を意味するこの表現（I'm on cloud nine !）は、米国気象庁が分類した9つの雲のうち、最も高い位置にある9番目の雲の上に乗っているような浮かれた気持ち、すなわち幸せの頂点を意味します。

彼女はとても幸せだ。	on cloud nine の前には、必ず be 動詞が来ることを覚えておきましょう。雲の「上」にいるので、前置詞は on に。
とっても幸せ！	1と同じニュアンスで使えます。ただし、前置詞は in に。7つある天国の中でも7番目が最も極楽とされていることから、幸せの絶頂の意味として用いられています。
私もうれしいです。	相手にいいことがあって自分もうれしい、というときに使います。「とてもうれしいです」と、うれしさを強調するときは、happy の前に so を入れ、I'm so happy for you. に。
よかったね！	3と同じく、相手のことをともに喜ぶ表現。同僚が昇進したり、何かを受賞したときに、伝える「よかったね！」にぴったり。カジュアルですが、職場でもよく使われます。
すごいね！	「私もうれしいです」や「よかったね！」「すごいじゃん！」など、3と同様、相手のことをともに喜ぶ表現。proud という単語から、「誇りに思う」と解釈しがちですが、そのような言葉の重さは含まれていません。

楽しい

A：How was Hawaii?

ハワイはどうだった？

B：I had a blast! I spent most of my time relaxing at the beach.

とても楽しかったよ。
ほとんど海でのんびりしていたんだ。

---

1 I had a good time.

everyone

---

2 I had a lot of fun.

everyone

---

3 I really enjoyed it!

everyone

---

4 It was lit!

young

---

5 I had a blast!

everyone

「楽しい」は blast を使って表して

blast は「とても楽しい」を意味する口語的な表現です。really fun や really good time の代わりに使われることが一般的です。基本的には have と組み合わせて、Have a blast. のように使います。旅行に出かける友人に向かって言うときは、Have a blast. と、命令形を用いるのが一般的。

下の1〜5は、楽しさのレベルを弱い→強いの順に並べたよ。

楽しかった。

time には、冠詞 a を付けることを覚えておくと便利です。「よい時間をもった」が直訳なので、いろいろなことを総合して「よかったよ」というときに、いつでも使えます。

とっても楽しかった。

おなじみの fun を使っても、「とても楽しかった」を表現できます。fun は、遊びやスポーツなどの楽しさ、面白さを表す単語です。

すっごく楽しかった！

enjoy という単語は知っている人も多いはず。しかし、「enjoyed だっけ、enjoying だっけ……？」と迷ってしまうことも。そんなときは、この表現が重宝します。

めっちゃ楽しかったよ！

パーティなどを楽しんだという表現には lit がぴったり。be lit は light（火をつける）の受動態で、「火をつけられた」という直訳。転じて、「盛り上がって楽しかった」に。

最高に楽しかった！

have や be 動詞の後に付けるほか、一語で言ってもOK。ネイティブっぽい響きを目指すなら、口を閉じた状態で「B」の形を作り、上下に口を思いっきり開いて L を発音して。

すごい、ヤバい

A : I ran the marathon in 4 hours.

4時間でマラソンを完走したよ。

B : That's impressive!

それはすごいね！

| 1 | That's impressive! | | everyone |

| 2 | That's incredible. | | everyone |

| 3 | You are amazing! | | everyone |

| 4 | That's awesome! | | everyone |

| 5 | I love it! | | everyone |

相手に感動したときにはこの言い方

That's impressive! は、相手が成し遂げたことが偉大で「感動」したときに使われるフレーズ。impress は人に強い印象を残すことを意味し、4に登場する awesome よりも強い気持ちが含まれます。また、「感心しているよ」という意味でも使えます。

それは素晴らしい！	That's を I'm に変えて I'm impressed. と言っても同じ意味になります。口を閉じて「p」の形を作り、「r」を思いっきり大きく言うとネイティブの響きに。
すごい！／信じられない！	incredible は、fantastic や wonderful などに置き換えられます。incredible は「信じられない」という意味なので、「信じられないほどすごい」という表現に。
あなたってすごい！	「ものごと」ではなく、「人」に対してダイレクトに「すごいね」と言いたいときにぴったりなフレーズ。Awesome! や Impressive! に置き換えることも。
すごいね！／ヤバい！	相手が何かを達成したときや、何かよいできごとがあったときに言う「すごいですね」や「すごいじゃん」のナチュラルな表現。That's を省き、Awesome! 一語でも使います。
すごくいいね！／素敵！	おなじみの love も、「すごくいいね！」という意味で、こんなふうに使えます。人に限らず、何かに対する感想として、「すごくいいと思う」と言うときの定番表現です。

応援

A: I'm participating in the contest.
I'm really nervous!

コンテストに参加するんだ。
すごく緊張してる！

B: You'll do fine.
I'm pulling for you!

君なら大丈夫。応援してるよ。

---

1 I'm pulling for that team.

everyone

---

2 I'll keep my fingers crossed.

everyone

---

3 I'm rooting for you.

everyone

---

4 Break a leg!

everyone

---

5 Don't give up, no matter what!

＊no matter what＝たとえ何があろうと

everyone

頑張る人にかけたい一言！

この表現は、何かにチャレンジする人やスポーツチームを応援するときによく使われます。スポーツの試合中に実際に応援歌を歌ったり、拍手や声援を送って応援する意味合いもあれば、何かのアクションを起こしているわけではないけれど、心の中で応援しているというニュアンスの場合もあります。

ちなみに「応援しているよ！」と言われたら、**Thanks!** や **I appreciate it!** などと返します。

下の**1**～**5**は、応援する気持ちの強さを弱い→強いの順に並べたよ。

そのチームを応援しています。	〈主語 + be 動詞 + pulling〉の現在進行形で使うのが一般的。that team を the **Dodgers** などのチーム名に置き換えることもできます。「サポートしている」というニュアンスも。
幸運・成功を祈ってるよ。	**Good luck.** と同じ意味合いで使われます。セットで覚えて。アメリカでは中指と人差し指を交差するジェスチャーで「幸運・成功を祈ってるよ」や「頑張ってね」を意味します。
応援してるよ。	**1**と同じように、声援にも、心の中での応援にもどちらにも使えます。
頑張って！	**a leg** と単数形を使います。複数形の **Break legs!** は直訳すると「足を折れ！」になるのでNG。パフォーマンスする人に対して「頑張ってね！」という意味で使用するイディオムです。
何があっても諦めないで！	**Don't give up.** に、**no matter what** を付け足すことで、「たとえ何があろうと（諦めるな）」というニュアンスが加わり、より熱意のこもった表現に。**no matter what** は、文頭と文末のどちらに置いてもOK。

ほめる

A：I tip my hat to you for your effort.
Congratulations.

あなたの努力には脱帽します。
おめでとうございます。

B：Thank you.
But I couldn't have done this
without the support of everyone.

ありがとうございます。
しかし、これも皆さんのお陰です。

---

1 I tip my hat to him.

everyone

---

2 Way to go!

everyone

---

3 Well put.

everyone

---

4 You did it.

everyone

---

5 That's interesting!

everyone

hat（帽子）で敬意を表して

この表現は、尊敬や感謝、敬意を表すときに使われるイディオムです。努力が報われた人や、大きなできごとを達成した人に対して、**I tip my hat to him. / her.** という具合に使います。ちなみに、**tip one's hat** は、帽子を軽く持ち上げる仕草のことを表します。

彼には脱帽します。	**take my hat**（帽子を取る）としても同じ意味に。野球選手が記録を達成したり引退試合の際、挨拶として帽子を取る動作をしますが、それをイメージするとわかりやすいはず。
よくやった！	努力して目標を達成した人に対するほめ言葉として使われています。一方、失敗を犯した人に対して言う、「やってくれたね……」のように、皮肉った意味としても使う場合も。
上手いね！	相手の言ったことが「ぴったり！」「上手い！」と言うときは、こう返しましょう。**put** には、「言う」という意味もあるので、「上手いこと言ったね！」というニュアンスに。
やったね！	相手が何かを成し遂げたときの万能フレーズで、**did** を強く発音します。主語の **you** を強く発音すると、相手を責めるニュアンスになるので、気を付けて。
それ、面白いね！	心から「本当に感心した」ときのフレーズ。日本人は、**interesting** を頻繁に使いますが、ネイティブは、ここぞというときだけに使います。

頑張る

A：I really don't want to do this project.

このプロジェクト本当にやりたくないな。

B：You just have to bite the bullet and do it.

歯を食いしばって頑張るしかないよ。

---

1   I have to bite the bullet.

everyone

---

2   Put up with it for one week.

everyone

---

3   I am working toward my goal.

everyone

---

4   Stick with it!

everyone

---

5   Keep your chin up.

everyone

「頑張る」とは、こらえること⁉

困難な状況を耐え忍ぶこと、辛い仕事を我慢してやることを意味する日常表現。**bite the bullet** の **bite** は「噛む」、**bullet** は「弾丸」なので、直訳すると「弾丸を噛む」となります。戦争で負傷した兵士に麻酔なしで手術をする際、弾丸を噛ませて痛みをこらえさせたことから由来した表現です。

どんなに嫌なことがあってもグッとこらえて取り組むことを表すよ。

がまんして やるしかないんだ。	嫌なことに敢然と立ち向かうときに使います。ただ我慢するのではなく、「ひるまず、毅然とした態度で」というニュアンスがあります。
1週間の辛抱だよ。	**put up with** は日本語の「我慢する」に最も近い表現。**I can't put up with it.**（それには我慢できない）と、否定文でもよく使われます。**1**に比べ、長期間じっと我慢するニュアンス。
目標に向けて 頑張っているよ。	**toward** の後ろには、資格名や目標、試合やコンテスト名といった名詞を置きます。**work** は「働く」、**toward** は「〜に向かって」なので、文字通り「〜に向かって働く」という意味。
諦めないで頑張って！	**stick** の前に **just** を置くと強調表現となります。**stick** は「くっつく」の意味。「離れないでそのままくっついて」が、「そのまま頑張って」という意味になっています。
元気出して！／ 落ち込まないで！	**Chin up!** と短く言うこともあります。**chin**（あご）ではなく **head**（頭）を使っても同じ意味。「顎を上げ続けて」が直訳。辛い状況でも顔を上げて頑張ることを指します。

CHAPTER 1-08

緊張

◀》008

A：Are you ready for your performance?

パフォーマンスの準備はできた？

B：I have butterflies in my stomach!

すごく緊張してる！

---

1 I have butterflies in my stomach.

everyone

---

2 I'm a nervous wreck.

everyone

---

3 I've got the jitters.

everyone

---

4 My mind went completely blank.

everyone

---

5 I was on the edge of my seat.

everyone

c

c

c

「緊張」は蝶で表す

「胃の中に蝶がいる」と直訳するこの表現は、極度の緊張から胸がざわめきソワソワしている様子を、まるで胃の中で蝶が飛んでいるようだと比喩的にたとえている慣用表現です。スピーチやプレゼンなど、人前で何か重大なことを行う前の、ドキドキやハラハラなどの緊張感を示す際にピッタリの表現です。

緊張してる。／ソワソワする。	日常会話では、in one's stomach を省くことも。おじけづいたり、気後れしたり、どきどきするというときに使えます。have の代わりに get や feel を使っても同じ意味に。
すごく緊張しているよ。	大勢の前で話したり試験を受ける前のほか、ジェットコースターに乗る前、応援しているチームが接戦で勝敗の予測がつかない場合などのドキドキ感を表す表現です。nervous は神経を意味する nerve の派生語。
落ち着かないんだ。	「緊張でイライラしている」というニュアンスです。jitter とは、神経過敏でびくびくしている様子を表します。
頭の中が真っ白になったんだ。	blank は「白」という意味で、go blank で「白くなる」という意味に。日本語では「頭」が真っ白になったと言いますが、英語では mind（心、精神）が真っ白になる、と覚えましょう。
ハラハラドキドキだったよ。	映画やスポーツの試合などをドキドキしながら見ている様子を表し、seat は必ず単数形になります。スリル満点で、くつろいで見ていられない状況をイメージすると◎。

感動

A: **Their performance really blew my mind.**

彼らのパフォーマンスには圧倒されたよ。

B: **I can't believe they are only 10 years old.**

10歳だなんて信じられないね。

1	It made me cry.		 everyone

2	I was moved.		 everyone

3	It was breathtaking.		 everyone

4	I was blown away.		 everyone

5	It blew my mind.		 everyone

「感動」は心を吹き飛ばす!?

この表現は、心が吹き飛ぶくらい衝撃を受けびっくりしたり、感動するときに使われ、驚きすぎて興奮してしまうようなニュアンスが含まれます。「すごい、ヤバい」の項（p.18）で紹介した impressive も「感動」を表現しますが、impressive は心に印象を植え付けられる感じ、そして blow my mind は驚いて吹き飛ばされそうになる様子を表します。

下の **1**〜**5** は、感動の強さを弱い→強いの順に並べたよ。

泣けた。	It made me tear up. もよく使われます。悲しい映画やロマンチックなドラマを見て感動して涙を流したり、誰かのやさしさに感激して泣きたくなるような場面で使えるフレーズ。
感動しました。	move は「動かす」なので、「私は心を動かされる（ほど感動しました）」という意味。to tears と続けると、「感動して涙を流しました」に。It を主語にして It was moving. としても同じ意味です。
グッときた。	風景や景色に感動した場合にはこう言いましょう。breathtaking は「はっと息を飲むような」という意味なので、文字通り美しい風景を見て一瞬息を飲むときの定番フレーズです。
マジ感動した。	blown away は、もともと「吹き飛ばされる」という意味で、感動のあまり「吹き飛ばされた」というイメージ。自分を主語にして言う場合は、最後に by をつけて I was blown away by the movie.（その映画に感動しました）に。
すごく驚いたよ。／びっくりした。	It blew me away. と表現することもできます。基本的に、ポジティブな意味合いで使われますが、信じられないことやあり得ないことに対して「ショックを受ける」とネガティブな意味としても使われます。

励ます

A: I can't stop thinking about her.

彼女のことが忘れられないんだ。

B: **Try not to dwell on your ex.**
I'm sure you'll find another girl.

元カノを引きずるなよ。
きっとまた誰か見つかるよ。

---

1 Don't dwell on it.

everyone

---

2 Don't let it get to you!

everyone

---

3 No worries.

everyone

---

4 Don't lose any sleep over it.

everyone

---

5 Hang in there.

everyone

ネガティブなことを引きずらないよう励まして

dwell on はものごとをあれこれ深く考えたり、
心配したりすることを意味します。dwell は「と
どまる」という意味で、on がつくと「〜について」
に。悪いことが起こったり、失恋をしたりして過
去を引きずるなど、ネガティブなできごとをいつ
までもくどくどと考えてしまったり、話したり、書
いたりすることを表します。

"ex" は、元カノや
元カレを表すよ。

くよくよするなよ。	一般的には否定形で使われます。on の後に my mistakes なら「過去の失敗」、the past なら「過去（のこと）」に。過去を引きずっている相手を励ますときに使えるフレーズ。
気にしないで。	否定形の命令文がお決まりのフレーズです。let something get to you は、人やできごとが人をイライラさせること、また、イライラして、それをずっと考えていることを指します。
心配しないで。／ 大丈夫だよ。	Never mind.（気にしないで）に続けて使われることが多いです。この worry は名詞で「心配事」という意味。「心配がない」から、「心配しないで」という意味となります。
気にすることないよ。	lose sleep over で「心配で眠れない」という意味。悪いできごとが原因で眠れないほど心配したり、気にすることを言います。否定形で「そんなこと気にしないで」という意味で使われることが多いです。
諦めないで頑張って。	困難な状況や辛い時期を耐え抜くことを表すフレーズで、日本語の「頑張る」に相当する表現です。諦めかけている人や挫折しそうな人に励まようにして用いられます。

共感

A：I wonder if this is the right career for me.

僕、この職業に向いているのかなぁ。

B：I've been there.

I know how you feel.

僕も同じ経験があるから、
気持ちはわかるよ。

---

1 I've been there.

everyone

---

2 I've been through that.

everyone

---

3 I know what you mean.

everyone

---

4 I feel you.

everyone

---

5 I hate it when that happens.

everyone

相手の心に寄り添える一言

友人や知人から相談を受けて、自分も同じ経験をしたよ、相手の言っていることが理解できる、共感できるよ、と言いたいときに使うフレーズです。ポジティブな場面でもネガティブな場面でも使えます。

「わかるよ」と相手に共感したいときに、パッと口から出るよう、覚えておいて。

私も同じ経験があるよ。	**I've been there.** の後に **too** を加えることもあります。直訳すると、「私もそこにいたことがあります」となり、そこから「同じ経験があります」という意味に。
私もいろいろな辛い思いをしたんだ。	「自分も苦難や困難な経験を乗りこえた」というニュアンスには、この言い回しがぴったり。離婚や金銭面で困っている時期やトレーニングに耐えることに対して用いるのが一般的。
気持ちはわかるよ。	相手の発言に対して、「うん、わかる、わかる」と同意を示す表現。日常会話でよく使われ、**I feel you.** と同じ意味合いです。カジュアルな場面でも、深刻な場面でも使える便利なフレーズです。
よくわかるよ。／わかる、わかる。	**I know how you feel.** を略した、くだけた感じの口語表現。**I understand.** や **I agree with you.** と同じ意味ですが、よりフレンドリーでカジュアルな響きがあります。
そういうのって嫌だよね。	相手に同情するときに使われる表現で、直訳すると「私もそういうことが起こると嫌に思います」という意味。普段起こる不都合について、自分の不注意などに対して使われます。

心配

A：I am anxious about the presentation tomorrow.

明日のプレゼン心配だなぁ。

B：You'll do fine.
Just be yourself.

大丈夫だよ。自分らしくね。

1	I am anxious.	everyone
2	I'm just paranoid about everything.	everyone
3	I'm concerned about your health.	everyone
4	It's bothering him.	everyone
5	I can't help thinking about it.	everyone

「心配」を表す単語は複数ある

日本語の「心配」は worry と覚えるのが一般的なようですが、anxious も「心配」を意味します。worry は気苦労や不安を感じている気持ちが強く、anxious は「これから起こるできごとがどうなるか」という心配を表します。また、心にのしかかる不安・心配や責任などに対する精神的重圧は care 、悩みごと・不幸などによる心配ごとは trouble を使って表します。

「心配」の内容によって、単語を使い分けよう。

心配です。	将来のできごとに対し、悪い結果になったらどうしようというドキドキ感を表すときに使います。最近は、「〜が待ちきれない」といったポジティブな緊張感を表す際にも anxious が使われるようになってきました。
全てのことに関して、考えすぎちゃうんだ。	不安や心配を抱えて考えすぎてしまうときに使われます。ネガティブな方向に考えすぎてしまう、と覚えて。paranoid はもともと激しい被害妄想を抱えた状態を指しますが、日常会話ではもう少し軽い意味で使われます。
君の健康が心配だ。	concerned は、「自分が関心をもっている人やものごとが気にかかる」といったニュアンスがあり、concerned about で「〜を心配する」の意味に。ちなみに、concerned with は、「〜に興味がある、関係する」という意味に。
彼は思い悩んでいるんだ。	何か気がかりなことがあって悩んでいるときに使えるフレーズ。bother には、「〜を悩ます」という意味以外に、「〜をイライラさせる」という意味もあります。
気になって仕方がない。	I can't help thinking 〜. は、「〜が気になって仕方がない」を意味します。ちなみに「心配で仕方ない」は、I can't help worrying about it. と言います。

気にしないで、フォローする

◀)) 013

A : **No offense, but I don't think that's a good idea.**

気を悪くしないでほしいんだけど、
いいアイデアだとは思えないな。

B : **No offense taken.**
Thanks for being honest.

別に気にしないよ。
正直に言ってくれてありがとう。

---

1 No offense, but it looks cheap.

everyone

---

2 No hard feelings.

everyone

---

3 Don't take it personally.

everyone

---

4 I didn't mean it.

everyone

---

5 She meant well.

everyone

言いづらいことには、この一言を添える

相手にとって好ましくないことを言う前に「気を
悪くしてほしくないんだけど」と前置きしたり、
言った後に相手の反応を見て「そういうつもりで
はなかったんだけど」と、フォローすることが、
日本語ではありますね。英語にも、もちろん、あ
ります。言いづらいことを伝えるときは、本題の
前後に用いて、スムーズな会話を心がけましょう。

いくつか覚えて、
使い分けるといいね。

悪気はないんだけど、それは安っぽく見えるな。	offense は「攻撃」。つまり、「攻撃するつもりじゃない」→「悪く取らないでね」「悪気はないの」という意味に。ネガティブなことを切り出すとき、前置きとして使われます。
悪く思わないでくれ。	議論で意見がぶつかり合ったとき、または相手を怒らせてしまうような言動をとってしまったときに、わだかまりなく友好的な関係を保ちたい状況でよく使われます。
個人攻撃じゃないのよ。	相手に対して、「あなた自身に問題があるわけじゃない」という場合の前置きとしてよく使われます。personally は「個人的に」、take は「受け止める」ことから、「個人的な批判として受け止めないで」という意味に。
そんなつもりじゃなかったんだ。	頭に sorry を付けると、軽く謝ってから「そうじゃなかったんだ」と付け加えるニュアンスに。It wasn't on purpose. と言っても同じ意味です。
彼女に悪気はなかったんだ。	一般的に自分（I）に対してではなく、自分以外の人（he / she）の意図を伝えるときに使われます。よかれと思ってやったことが、相手には迷惑と受け取られるような状況のときに用いられます。

疲れた

◀ 014

A: **I've been working non-stop.**
I'm burned out.

ずっと働きづめで疲れ切ったよ。

B: **You need to take a break.**
You don't look good.

ちゃんと休まないと。顔色悪いよ。

---

1   I'm burned out.

everyone

---

2   I'm wiped out.

everyone

---

3   I'm exhausted.

everyone

---

4   I'm dead tired.

everyone

---

5   I'm drained (out).

everyone

「疲れ果てた」は「燃え尽きる」と表現する

burn out は、仕事がハードすぎて肉体的にも精神的にも疲れ果てた状態を表すフレーズ。日本語で疲れ果てたことを「燃え尽きる」と表現するのと同様の使い方になります。

ちなみに、日本語で言う「燃え尽き症候群」は、英語では burn out と言います。

クタクタだよ。	out には「すっかり、徹底的に」という意味があり、burn「燃える」の意味を強めています。burn out は機械に対しても使う表現で、「(エンジンなどが)焼き切れる」などの場面でも用いられます。
疲れ切っているよ。	wipe out は「〜を拭きとって消す」ということです。1と同じく、out が wipe の意味を強めています。疲れで体力などが完全に奪い取られるというニュアンスがあります。
へとへとだよ。	体力・精神力を使い尽くしてぐったりする状態です。exhausted は、もともと「消耗した」の意味であり、そこから「心身ともに消耗した、疲れた」という意味に。
死ぬほど疲れた。	「疲れた」の定番表現である tired の前に dead を付けて強調した表現です。dead は「死んだ」を意味することから、dead tired は文字通り「死ぬほど疲れた」という意味に。
すっかり消耗したよ。	drain は容器の中の液体を空になるまで流し出すという意味があることから、エネルギーを全て使い切った疲れを表す場合にも用いられます。どちらかというと精神的な疲れに対して使われる傾向があります。

微妙

A：Do you want to grab dinner this weekend?

今週末夕食でもどう？

B：I'm a bit iffy this weekend.

今週末は微妙だな。

---

1 It's iffy.

everyone

---

2 I don't know about 〜.

everyone

---

3 I'm not sure about 〜.

everyone

---

4 There's a subtle difference.

everyone

---

5 I have mixed feelings about 〜.

everyone

「微妙だな〜」はこの言い方で

この表現は「未定」「疑わしい」「怪しい」などの意味として、uncertain の代わりに会話で使われる砕けた言い方になります。何かに誘われたけれど、自分の予定がまだ未定であったり、何かしらの問題の状況の行方が怪しいことを示す際に使われます。

ちなみに iffy は、if を形容詞にした口語表現です。

How about next weekend?（来週末はどう？）などと、提案しても◎！

微妙だな。	The weather looks a bit iffy.（天気が怪しいな）という言い方もよく使います。日常会話では、a bit や kind of と組み合わせて、a bit iffy、kind of iffy のように表現することがよくあります。
〜はイマイチかなぁ。	「よい」「悪い」をはっきりせず、濁した言い方。どちらかというと「マイナス」の意味が込められた表現で、レストランの食事があまりおいしくなかったり、店やホテルのサービスが平均以下だったりするときに使います。
〜はどうかなぁ。	「間違っているかもしれないよ」というニュアンスで使われます。2 の know が事実として「知っている」に対して、sure は「自分が確かだと信じている」という意味なので、know よりマイルドな表現となります。
微妙に違うんだよね。	わずかな変化や違いが気づきにくかったり、はっきりしていないときに使われます。辞書にも、最初に「微妙な」の意味が載っているとおり、subtle は、「わずかな」や「かすかな」といった意味です。
何とも言えないなぁ。	「複雑な心境／気持ち」であり、プラスとマイナスが五分五分のニュアンスです。よし悪しの判断がしにくいニュアンスになるため、一般的にこのフレーズに続けて理由をはっきり伝えるのが自然な流れになります。

マジで？

A：I'm moving to LA next month!

来月、ロスに引っ越すんだ！

B：Are you serious?

マジで？

1	Are you serious?		 everyone

2	You can't be serious.		 everyone

3	Are you for real?		 everyone

4	You're joking right?		 everyone

5	No way!		 everyone

英語で言ってみたい一言、「マジ？」

相手の言ったことが信じられなかったり、それに対して驚いたときに使われるフレーズです。それと同じように、実際に相手のことを疑っているわけではなくても、リアクションとしてかなりカジュアルに使われる一言です。日本語でも、相手を疑っているのではないけれど「マジ？」「マジで？」と言いますよね。それと同じ感覚で使えます。

マジで？／本当ですか？

省略した言い方は、**Seriously?** です。日常会話ではどちらを使ってもOK。友だち同士の間で頻繁に使われるカジュアルな表現ですが、ビジネスの場でも失礼なく使えます。

まさか本気じゃないよね。

1をより強調した言い方で、心底驚いたときや相手の発言を疑うときに使われます。**can't be**（〜はあり得ない）から、「本気なわけがない」というニュアンスになります。

本気で言っているの？

For real? と、2語で尋ねると、よりカジュアルな表現に。**Really?** は、日本人がよく使う表現ですが、このような変化球で返すと、「できるやつ」と思われるかも！？

冗談だよね？

1に続けて言うと、「マジで？　冗談だよね？」と強いリアクションに。**joking** は **joke**（冗談を言う）の現在分詞、**right** は文の意味を強める働きがあります。

まさか！／嘘でしょ？

耳を疑うようなあり得ないことを聞いたときの一言。目を丸くして、**NO WAAAYYY!** と叫ぶと、典型的なアメリカンスタイルの言い方に。

おめでとう！

A : Kudos to you for getting a promotion. You deserve it!

昇進おめでとうございます。
頑張った証です。

B : Thanks. I really appreciate it.

ありがとうございます。
本当に感謝しています。

---

1 Kudos to you!

everyone

---

2 Congratulations.

everyone

---

3 Happy belated (birthday)!

everyone

---

4 You have come a long way.

everyone

---

5 Right on.

man & young

「おめでとう！」の一言で距離も縮まる

kudos はギリシャ語に由来し、「名誉」「栄誉」「称賛」を意味する単語で、「よくやったね」「おめでとう」「さすが」に相当するフレーズです。相手にとって何かよいことを聞いたとき、相手の誕生日など、ちょっとしたことにも「おめでとう！」「よくやったね！」と一言口にすれば、コミュニケーションもスムーズになること間違いなし。

よくやりましたね。	最初の Ku を伸ばして「クードス」と発音するのがポイント。例文は to の後ろに人がきていますが、具体的な行為を称賛したいときは、to を for に置き換え、for の後に名詞を入れます。
おめでとうございます。	具体的に言いたいときは、〈on + doing〉か〈on+your+名詞〉を続けます。Congrats! と短縮すると、より口語的な言い方に。Conglatulations. も Congrats. も、最後の s を落とさずに言うのがポイント。
遅くなったけど誕生日おめでとう！	誕生日当日に「おめでとう」を伝え忘れてしまったときなどに使えるフレーズで、この場合、birthday は省略してもOK。ちなみに、誕生日前に「おめでとう」を言うときは、Happy early birthday! と言えばOK。
よくやったね。	大きな進歩をしたり、成長した相手を褒める決まり文句。同僚や部下への褒め言葉のほか、We have come a long way.（我々は大きな進歩を遂げました）といった取締役のスピーチなどの場でも使われます。
やったね。	相手に何かよいできごとがあったとき、共感や支持、励ましといったポジティブなニュアンスで相槌を打つときに使います。試験の合格、競技会の優勝はもちろん、相手の考えや意見、応答が的確である場合にも使われます。

残念、ついてない

A：They lost the game at the last second.

彼らは最後の最後で負けました。

B：Tough break.

ついてないですね。

---

1 Tough break.

everyone

---

2 That's tough luck.

everyone

---

3 That's a bummer!

everyone

---

4 Too bad.

everyone

---

5 How unfortunate!

everyone

運がなかったときの一言

全てが順調に進んでいたのに、運がなかったことが原因で、仕事やものごとが上手くいかなくなったときに使われるフレーズ。「全く、ついてないな……」といったニュアンスです。ビジネスや日常生活で運が悪かったときのほか、スポーツの場面では、負けたときによく使われます。

ついてないね。	「辛い」を意味する tough と、「不運」を意味する break を合わせると「辛い運」。そこから、「ついてなかったね」となります。応援しているチームが負けたときに放つ一言。
それは残念だったね。	やや皮肉を込めた「自業自得」というニュアンスのある、突き放した言い方です。直訳すると「厳しい運だね」となり、「運がなかった」から「お気の毒」という意味となります。
それは残念だ。	bummer は「嫌なこと、がっかりさせるもの」という意味。That's を省いて Bummer! だけでもOK。「残念」のほか、「それはひどいね」「大変だったね」という場面でも使われます。
残念だね。	「あまりにもひどいね」が直訳です。bad の b にアクセントを置くとネイティブの響きに。皮肉を込めて言うと嫌味になるので要注意。
なんてついてないんだ！	「感嘆文」の言い方で、How の後に「不運な」という形容詞 unfortunate を続けます。「残念ながら〜」と表現する場合は、副詞の unfortunately を加えることが一般的です。

否定、あり得ない

A：I don't feel like going out tonight.

今夜は出かける気分じゃないんだ。

B：That's not like you.
What's the matter?

君らしくないね。どうしたの？

---

1 It's not like you.

everyone

---

2 It's out of his character.

everyone

---

3 That doesn't make sense.

everyone

---

4 I don't get it.

everyone

---

5 That can't be true.

everyone

「らしくないね」はおなじみの like を使う

人の言動や行動が普段とは違うとき、「あなた・彼・彼女らしくない」と日本語でも言いますよね。それに相当するフレーズです。「○○するなんて君らしくないね」という場合は、It's not like you to do～. を使います。「そんなことを言うなんて君らしくない」ならば、It's not like you to say that. と言います。

君らしくないね。	You を her, him, Atsushi などと自由に入れ替えて言ってみましょう。この like は「～のような」という意味で、「君のような感じじゃない」が直訳です。
彼らしくないね。	character は「性格」。直訳すると、「嘘をつくのは彼の性格から外れているね」に。「～するなんて（彼らしくないね）」と続けたいときは、to +動詞の原形を置きます。
納得できません。	make sense は「意味をなす」という意味のイディオムで、日常会話からビジネスまで頻繁に使われます。That makes sense. という肯定文の形でもよく使われ、この場合、「なるほど」「わかった」という意味です。
理解できない。	get は「理解する」や「わかる」という意味。理解できないことを伝える場合、否定形で使われます。ちなみに、肯定文の I get it.（わかった）や疑問文の Do you get it?（わかった？）もよく使われます。
あり得ない。	既に起こったことに対して使われる表現で、「本当にそうなるなんてあり得ない」といった意味合いがあります。その情報が真実だと信じられないときに使われます。

CHAPTER 1-20

大変、難しい

◀» 020

A：It's like pulling teeth getting him to do his homework.

彼に宿題をさせるのは大変なのよ。

B：My son too.

私の息子も同じよ。

---

1 It's like pulling teeth.

*tooth = teeth（歯）の複数形

everyone

---

2 It is a huge hassle.

*huge＝とても

everyone

---

3 It was extremely difficult.

everyone

---

4 He is hard to read.

everyone

---

5 That's annoying.

everyone

50

何かをさせるのが困難なときに

pulling teeth は、人に何かをさせるのが非常に困難であったり、大変であることを意味する日常表現です。直訳すると「歯を抜くように」なので、歯医者が患者の歯を抜くのに苦労している姿をイメージするとわかりやすいでしょう。「〜するのに」を表すには、**pulling teeth** の後に動名詞（動詞の **ing**）を続けます。

とても難しいです。	相手が嫌がることをさせたり、相手から情報を得るのが極めて困難である状況で多く使われます。1回の治療でたくさんの歯を抜くのが大変なことが由来です。
かなり面倒です。	この **hassle** は日本語の「ハッスル」とは別の語であり、「手間、面倒」という意味。**huge hassle** と、**h** で始まる語が続くのでリズムがよく、口にするのが楽しくなる表現です。
とても大変だった。	**difficult** はお馴染みの「難しい」「困難」という場面全般で使える語です。**extremely** は「極端に」という意味なので、「ものすごく大変だった」というニュアンスに。
彼の真意を読み取るのは難しい。	**It's hard to say.**「言うのは大変だ」から、「何とも言えない」という意味に。**hard** は **3** の **difficult** と同じく「困難だ」という意味なので、文字通り「〜するのは大変だ」という意味に。
それは面倒だね。	**annoying** は「イライラさせる」や「ウザい」という意味。「うっとおしい」や「むかつく」の意味で使うこともできますが、ものごとが「ウザい」=「面倒くさい」という意味でも使えます。

うんざり

A : What's wrong, Alex?

アレックス、どうしたの？

B : I'm so fed up with this job.

もう、仕事がうんざりだよ。

---

1 I'm fed up with your excuses.
* excuse ＝言い訳

everyone

---

2 That is the last straw!

everyone

---

3 I've had it.

everyone

---

4 I'm sick of this.

everyone

---

5 Give me a break.

everyone

ほとほと嫌になったときに放つ一言

be fed up with〜は、「〜にうんざりだ」「〜に飽き飽きだ」を意味する表現です。同じことを嫌というほどやったり、聞いたり、見たりした結果、もうほとほと嫌になったという気持ちを表したいときに使います。自分や周囲の状況のほか、人の態度・行為に対してイライラする気持ちを表します。

君の言い訳には うんざりだ。	fed up with の後は、名詞、または動名詞（動詞の ing 形）を続けます。excuse は「言い訳」という意味で、「もう言い訳はするな、聞きたくない」という意味となります。
我慢の限界だ。	straw は「ワラ」という意味で、「たとえ最後に乗せるのがワラ1本であっても、限度を超えるとラクダの背骨が折れる」ということわざから由来した表現です。
もう我慢できない。	後ろに up to here（ここまでくると）を付けることも。2 と同じ意味ですが、よりカジュアルな場面で使われます。
飽き飽きだ。	sick は「病気の」という意味ですが、「うんざりして、飽き飽きして」という意味でも使われます。of の後に動名詞を続けて、I'm sick of hearing this song.（この歌は聞き飽きた）と言う形も使います。
いい加減にして。	直訳は「私に休憩をください」。そこから「私を許して（大目に見て）ください」、「勘弁してくれ」、「よく言うよ」と言った意味が生じます。日本語の「おいおい、勘弁してくれよ」に近いニュアンスです。

ビビる

◀》 022

A：Is she OK?

彼女、大丈夫？

B：She's freaking out because she accidentally deleted her files.

間違えてファイルを削除しちゃったから
パニクってるの。

1	I was freaking out.	
	everyone	

2	You scared the crap out of me.	
	everyone	

3	He gets scared easily.	
	everyone	

4	I chickened out.	
	everyone	

5	Don't get cold feet.	
	everyone	

パニクったときによく使う言い回し

freak は本来、異常に興奮したり動揺したりするといった意味。恐怖や驚き、焦りなどでパニック状態になることを freak out と表現します。気持ちが焦って頭が混乱していたり、驚きや恐怖を感じているときに言う「ビビった!」「びっくりした!」にも相当する表現です。ネイティブは、日常会話で頻繁に使います。例文では、freak out の後に because を続け、びっくりした理由を述べています。

日本語の「パニック(panic)」は、日常的な場面では、ほぼ使われません。

パニクった。	そのとき、まさに感情が揺さぶられていた状態を表します。**Don't freak out.** は「落ち着け」という意味で、よく使われます。状況によっては、びくびくすることも表します。
びっくりした!	scare は「怯えさせる」、crap は「大便」という意味で、あまりに怖くて便が体の外に飛び出す、というやや大げさな意味が直訳です。友だち同士で使う超カジュアルな表現。
彼は怖がりです。	get ~ easily は「〜しやすい」を意味し、「〜」には形容詞が入ります。ちなみに、「彼女は緊張しやすい」は、**She gets nervous easily.** と言います。
ビビッてやらなかった。	高所恐怖症の人が、展望台から下を覗き込もうとしたときなどにこう言います。chicken は「臆病者」という意味で、out を付けると、「おじけづいて〜をやめる」になります。
土壇場でビビるなよ。	4 と似たニュアンスで、「いざというときに何かにビビってやめる」ことを表します。get cold feet は「冷たい足をもつ」が直訳。足が冷たくて動けなくなる、逃げ腰になると覚えるといいでしょう。

嫌い

A : I feel like singing. Let's go to karaoke!

歌いたい気分だな。
カラオケに行こうよ！

B : You know karaoke is not my thing.

僕がカラオケが好きじゃないことは
わかっているでしょう。

| 1 | It's not my thing. | everyone |

| 2 | It's not my cup of tea. | everyone |

| 3 | I'm not really good at English. | everyone |

| 4 | I can't stand it. | everyone |

| 5 | I'm not a big fan of seafood. | everyone |

好きではないことを、やんわり伝える言い方

not my thing には、「楽しまない」「得意でない（苦手です）」そして「趣味ではない（興味がない）」の3つの意味があり、いずれもカジュアルで口語的な言い方です。はっきり「嫌い」というのではなく、やんわりした言い方で「嫌いではないが個人的に楽しいとは思わない」というときに使います。

ストレートな表現が多いと思われがちな英語ですが、婉曲な言い回しもあるんですよ。

苦手です。	**my thing** は「自分の好きなこと」「得意なこと」を意味するため、否定形で使うと「嫌いなこと」「苦手なこと」の意味に。否定文で使われることが多い表現です。
私の好みではないなぁ。	**one's cup of tea** は「好きなもの」という意味。紅茶の銘柄や飲み方には好みがあるところからきた表現です。「釣りは好きじゃないなぁ」などと具体的に言いたいときは動名詞を使い、**Fishing is not my cup of tea.** に。
英語はあまり得意じゃないんだよね。	**I'm good at**…は「～が得意」は中学で習ったフレーズですが、実は否定文で使う方がメジャーです。**really** を入れることで、「あまり得意ではないんだよね」とやんわりしたニュアンスに。
耐えられないよ。	はっきり「もう無理」ということを伝えるときの言い方。最後に、**anymore**（もう～でない）を付けると、「もう耐えられない」と、さらに強調した表現になります。
シーフードはあまり好きじゃないなぁ。	嫌いというほどではないけれど、好みではないときにこう言います。文字通り「それの大ファンというわけじゃない」という意味です。マイルドに「好きではないんだよね」と言いたいときに使ってみましょう。

ひどい

A : My boyfriend forgot my birthday.

彼氏が私の誕生日を忘れたの。

B : That's pretty messed up.

それは結構ひどいね。

| 1 | That's messed up. | | everyone |

| 2 | That sucks. | | everyone |

| 3 | That's terrible. | | everyone |

| 4 | That's awful! | | everyone |

| 5 | That stinks. | | everyone |

「ひどいね」と、同調する一言

「それは、ひどいね」と言いたいときの相槌として
よく使います。mess は乱雑で取り散らかした状
態を指し、これに up を付けると、しくじったり
失敗したり、間違えること、さらにものごとや状
況がごちゃごちゃになることも表します。

ちなみに pretty は、
「かなり」「結構」の
意味です。

それはひどい。	messed up は相槌で使うと「ひどいね」ですが、自分を主語にして、I'm messed up. と言うと、取り返しのつかない失敗をしてしまったという意味となり、ビジネスでもよく使われます。
ひどいね。	相手に同情して、残念だという相槌としても使われます。後ろに for you を付けることも。心から同情するというよりは、とりあえず「そうだね」と言っておく、というニュアンスです。皮肉で使うこともあります。
ひどいなぁ。	2 と同じように使えます。「あーあ、そりゃひどいなぁ」という場合に広く使ってみましょう。お馴染みの terrible は、もとは「恐ろしい」ですが、そこから「ひどい」「つらい」という意味が発生しました。
ひどい！	awful は、味に対して「まずい」というときによく使われます。Awful! と一語でも「まずい味！」という意味に。That was awful. と過去形にすると、映画やレストランが「ひどかったね」という意味で使えます。
最悪だ。	stink は「悪臭を放つ」が直訳ですが、そこから「不愉快だ」「とてつもなく悪い」という意味が生じます。ひどく嫌だ、だめ、最低というときはこれを使いましょう。

CHAPTER 1-25

しつこい

A： That salesman was being so pushy.

あのセールスマン、すごくしつこかったね。

B： He was really annoying.

彼には本当にイライラしたわ。

---

1 You are being pushy.

everyone

---

2 He is so persistent.

everyone

---

3 He is so annoying.

everyone

---

4 Stop bugging me.

everyone

---

5 This cold won't go away.

everyone

押し付けがましい人に放つ一言

自分の考えや願望を強引に押し付けてくるような厚かましい人に放つ一言で、ポジティブな意味合いは一切ありません。何度断ってもしつこく売り付けてくるセールスマンなどに対してよく使われます。push（押す）の意味から、「ぐいぐい押してくる」人をイメージすると、覚えやすいでしょう。

ここでの so は、「すごく」と、pushy を強調しています。

しつこいなぁ。	動詞の push（押す）から「押しが強い」という意味の形容詞 pushy が生まれたと覚えると忘れません。ずうずうしい、押しの強い、強引といった意味のフレーズです。
彼はしつこいです。	ポジティブにもネガティブにも使われるフレーズ。persistent は本来「忍耐強い」「粘り強い」という意味ですが、「頑固」、「嫌なことがいつまでも続く」という意味でも使われます。
彼には本当にイライラする。	annoy はイライラさせたり、腹を立てさせたりするというニュアンス。例文の主語は人ですが、ものごとに対してイライラする場合には It を主語にして、It's annoying. と言います。
放っておいて。	bug はコンピュータープログラムの「バグ（虫）」であり、「悩ませる」「苦しませる」という意味があります。Quit bugging me. や Stop / Quit bothering me. も同じ意味の表現です。
しつこい風邪だな。	won't come off と言っても同じ意味で、同じように使えます。人に対してではなく、汚れや風邪などが「なかなか去っていかない（消えない）」というニュアンスで使われます。

◀)) 026

やめておく

A: He's thinking about dropping out of school.

彼は学校から中退したいらしいんだ。

B: We need to talk him out of it.

そうしないように説得しないと。

| 1 | We talked him out of it. | | everyone |

| 2 | He persuaded me not to do so. | | everyone |

| 3 | I wouldn't do that. | | everyone |

| 4 | I don't think that's a good idea. | | everyone |

| 5 | I'd advise against it. | | everyone |

説得するときは talk を使う

「やめておいたほうがいいよ」と、相手を説得する場合は、お馴染みの動詞、talk を使います。何かをしないよう説得する場合は、talk の後ろに out of を付けて talk out of と表現します。何かをしようと決意した相手に、その決意を思いとどまらせるような場面で使います。

そうしないよう 彼を説得したんだ。	out of は「〜から抜け出す」という意味なので、「talk して抜け出させる」というイメージで覚えるとよいでしょう。ちなみに何かを「する」ように説得する場合は、out of talk を into に変えて、talk into と言います。
彼にそうしないよう 説得されました。	persuade は「説得する」という意味で、〈persuade +人+ to +動詞の原形〉で「〜するように説得する」のように用います。それを not で否定したのがこの表現です。
私ならそうしないよ。	この表現は、I wouldn't do that if I were you. の略で、遠回しに「自分ならやらないよ」と言うときに使います。仮定法の表現の一つで、would で「もし自分だったら」の意味を出します。
やめたほうが いいと思うよ。	I don't think を加えることで、相手の意見や提案をやんわり否定することができます。誰かの提案を丁寧に断るフレーズです。
それはおすすめ できません。	advise は「忠告する」、against は「〜に反対する」を意味することから、advise against 〜で、「〜しないように忠告する」という意味になる丁寧な言い回しです。

できない、無理

A : How do you like living in Tokyo?

東京での生活はどう？

B : It's not for me.

僕には向いていないな。

---

1 This job is not for me.

everyone

---

2 I'm not cut out for a nine-to-five job.

everyone

---

3 I'm afraid I can't.

everyone

---

4 I think it's unlikely.

everyone

---

5 That's out of the question.

everyone

向いていないことを伝える定番表現

日常会話で、「(仕事や業種が)自分には向いてない」「(趣味やスポーツが)自分には合ってない」と言いたい場合によく用いられる、定番の言い回し。英語は何でも自分の意思をはっきり伝える言語だと思っている人も多いかもしれませんが、こうした婉曲表現も日常的に使います。ぜひ、口に出して言ってみましょう。

食べものを断る「遠慮しておきます」は、It's not for me. と言います。

この仕事は私には向いていません。	仕事に向いていなかったり、趣味が合っていなかったりという場面で使い、「興味がないのでやりたくない」という意思を伝えるときに使います。
私は普通の仕事(9時5時の仕事)に向いていない。	性格や特性が、職種、環境、交際相手などに対して「向いていない」という表現です。cut は、衣服の「断ち方」を意味しており、直訳は、「私は〜に合わせて裁断されていない」という意味。
残念ですが、できません。	I'm afraid は「あいにく」「残念ながら」という意味で、ネガティブなことを言うときの前置きとして使います。I'm afraid not. は、相手の言ったことに対して「そうではないと思います」とやんわりと否定する表現。
無理でしょうね。	遠回しに「無理だよ」と言いたいときに使います。unlikely は「ありそうにない」に、I think を加えてやわらげた表現で、「それはあり得ないと思う」が直訳です。
それは不可能です。	依頼やお願いごとをされたときに、無理だと断るフレーズです。強調したいときは、That's の後に absolutely(絶対に)を入れて、That's absolutely out of the question. に。

バカ

A : Hey mom, look at me!

ねぇ、お母さん、僕を見て。

B : Are you dancing?
You are so silly.

踊っているの？　おバカさんだね。

---

1 I made a silly mistake.

everyone

---

2 That's dumb.

everyone

---

3 My boss is a jerk.

everyone

---

4 Don't be an idiot.

everyone

---

5 That's a bonehead mistake.

everyone

お茶目な「おバカさん」を表す表現

You are so silly. は、おかしな行動でみんなを笑わせる状況下で使われ、子どものような可愛らしさや面白さなどが感じられる「お茶目なおバカさん」のような意味合いになります。特に子どもに対して使われることが多く、**stupid** よりも **funny** に近いニュアンスがあり、ポジティブな意味合いが込められています。

バカなミスをしちゃったよ。	**silly** は何かを真剣に受け止めないことを表し、子どもじみてくだらない、バカげている、浅はかな考えなどを意味します。仕事などでちょっとしたつまらないミスをしたときなどに使います。
アホだね。	**dumb** はもともと言葉の不自由な人を指しますが、日常会話では「バカな」や「頭の悪い」、「間抜けな」の意味として使われます。**stupid** と同じ意味を持ち、置き換えて使えます。
私の上司は無神経な人です。	女性が男性について「嫌なやつ」というときによく使う語です。**jerk** は、「嫌な人」「バカ」「間抜け」という意味です。「無神経で気に障る」というニュアンスがあります。
バカなことをしないで。	**idiot** の意味は **stupid** と同じですが、人に対してのみ使われます。ＳＮＳなどで「バカだね」というニュアンスでよく使われています。
それは間抜けな間違いだ。	野球で言う「ボーンヘッド（凡ミス）」は **a bonehead play** と言います。**bonehead** は、「頭の中が骨だけで脳がない」ということから、「バカ」の意味をもつ語です。

うるさい

029

A: Can I get my salad with no onions, extra tomatoes, and dressing on the side?

サラダはたまねぎ抜き、トマト多めで
ドレッシングは別の入れ物でお願いします。

B: You're such a picky eater, you know that?

細かいことにこだわるねぇ。

---

1 She is picky.

everyone

---

2 He is very particular about his fashion.

everyone

---

3 She is a stickler for time.

everyone

---

4 He is choosy.

everyone

---

5 She's a wine snob.

everyone

こだわりの強い人を表す表現

ものごとを選ぶときに細かかったり、うるさかっ
たりする人のことを picky / choosy と言います。
これは、pick や choose という「選ぶ」の語から
生じた形容詞で、「細かくこだわる人」を指しま
す。食べ物やファッション、恋愛相手など、様々
なものごとに対して使えます。

彼女は細かいことに こだわるんだ。	「〜にこだわりがある」と言う場合は、後ろに〈about +名詞〉を続けて言います。picky は特に食べ物に多く用いる語で、好き嫌いの多い人のことを picky eater と言います。
彼はファッションに すごくこだわるよ。	①と同じように使えますが、必ず about 以下で「こだわる内容」を入れる必要があります。particular には、もともと「好みがやかましい」「気難しい」という意味があります。
彼女は時間にうるさいよ。	動詞 stick は「くっつく」という意味で、「何かに固執する」という語。そこから生じた stickler も「何かにくっついて離れない人」というニュアンス。自分の考えが正しいと信じ、強く主張する人のことを表します。
彼は細かい人だよ。	①と同じように使えます。choosy は「選り好みする」「好みのうるさい」「気難しい」という意味です。
彼女はワインに うるさいです。	snob は日常会話では、ワインや食べ物、芸術など、ある特定の分野において、ほかの人より知識をもっていると思い込み、知識のない人を見下す態度（人）を表します。

ムカつく

A: I'm sorry I lost my temper yesterday.

昨日はカッとなってごめん。

B: It's OK. I know you didn't mean it.

大丈夫。そういうつもりじゃなかった
ことは、わかっているよ。

---

1 She lost her temper.

everyone

---

2 He really pisses me off.

everyone

---

3 I'm really ticked off.

everyone

---

4 He's really annoying!

everyone

---

5 You are bugging me!

everyone

「キレる」

temper は気分や冷静さなどを意味する名詞であり、それを lose（失う）ことによって、人がカチンと頭にくる様子の表現です。単に怒るだけでなく、「キレる」ことを意味します。日本語の「冷静さを失う」と似たニュアンスで、冷静さを失って腹を立てている様子を表す場合に使われます。

彼女がキレちゃってさ。	lose one's temper は、カッとなったり、激怒するというイディオムです。temper を it に置き換えて、I lost it（激怒した）と表現することもよくあります。
彼は本当にムカつく。	piss は「うんざりさせる」であり「うんざりする」ではないので、「うんざりさせる人」を主語にすることを覚えておきましょう。あまり品の良い言い方ではないので、状況をよく理解したうえで使うようにしましょう。
本当に腹が立つよ。	アメリカでは、あまり親しくない人との会話やフォーマルな場では、2 の piss off の代わりに ticked off を使います。tick は、もともと「チクタク時計」がチクタク鳴るという意味ですが、off を付けると「怒らせる」に。
彼、マジ、ムカつく！	「うざい」「うっとうしい」「ムカつく」などを英語にすると、annoying が一番近い表現になります。annoying は「うっとうしい」「迷惑な」「うるさい」などの意味をもち、イライラする、またはさせることを表します。
ウザい！	bug someone は、相手をイライラさせたり、相手にうるさく言ったりして邪魔をすることを表します（p.60- 4）。bug は「虫」という意味で、虫（特にハエ）が顔の回りを飛んでいてイライラさせられるイメージです。

SNSで使える！

ネイティブが使う 略語表現 vol.1

インスタグラムやツイッターなど、多くのSNS上で使われる英語の略語表現。ここでは、ネイティブがよく使う略語表現をご紹介します。皆さんも、実際に使ってみてくださいね。

略語の表記は、全て大文字、全て小文字、頭だけ大文字、どのパターンでもOK！

▶ **BTW**（By the way）

⇩

ところで

例 **BTW, how did your date go last night?**
（ところで昨日のデートはどうだった？）

▶ **LOL**（Laughing out loud）

⇩

笑

例 **Check out this video. It's hilarious. LOL.**
（この動画見て。超面白いよ。笑）

▶ TMI (Too much information)

⌄⌄

そんなこと言わなくていいよ！

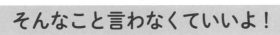

例 Oh my god! That is TMI!
（マジでそんなこと言わなくていいから！）

▶ AFAIK (As far as I know)

⌄⌄

私が知る限りでは

例 AFAIK, he's not coming tonight.
（私が知る限りでは、彼は今夜来ないよ。）

▶ IMO (In my opinion)

⌄⌄

私の意見では

例 IMO, that movie was terrible.
（私の意見では、あの映画はひどかった。）

▶TBH（To be honest）

⌄

正直に言うと

例 TBH,
I don't want to go to the event tonight.
（正直に言うと、今夜のイベント行きたいくないんだよね。）

▶LMK（Let me know）

⌄

教えて／知らせて

例 LMK if you can make it this weekend.
（今週末、来られるか教えてね。）

▶AMA（Ask me anything）

⌄

何でも聞いて

例 I'm doing an IG live today. AMA.
（今日インスタライブやるよ。何でも聞いて。）

▶ TTYL（Talk to you later）

またあとでね

例 Alright, I gotta get going. TTYL.
（行かないと。またあとでね。）

▶ DYK（Do you know / Did you know）

知ってる？／知ってた？

例 DYK where Tony is?
（トニーがどこにいるか知ってる？）

▶ NVM（Never mind）

気にしないで／何でもない

例 NVM. See you tomorrow.
（気にしないで。また明日ね。）

▶ BRB（Be right back）

⌄

すぐに戻る

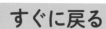

例 Someone's at the door. BRB.
（玄関に誰かいる。すぐに戻ってくるね。）

▶ FYI（For your information）

⌄

ちなみに／参考までに

例 FYI, you don't have to pay tip in Japan.
（ちなみに日本ではチップを払わなくていいんだよ。）

▶ HMU（Hit me up）

⌄

連絡して

例 HMU after work.
（仕事終わったら連絡して。）

CHAPTER2

日々の会話

「〇〇にはまっているんだ」「お願いがあるんだけど」など、
日常で使う言い回しは、口からさっと出ると会話も弾みます。
まずは自分がよく口にするフレーズから、覚えていきましょう。

風邪を
ひいちゃった。
I caught a cold.
p.80

今、K-pop
の歌手に
はまっているの。
I'm really into K-pop
singers right now.
p.84

久しぶり！
It's been a while.
p.88

彼女は
やり手だ。
She is a go-getter.
p.92

しっかりして！
Get your act
together!
p.94

お願いが
あるのですが。
Could you do me a favor?
p.100

それにしよう。
Let's go with that.
p.102

考えさせて。
Let me
think about it.
p.104

絶対そう。
Definitely yes.
p.108

これは
好みじゃないな。
It's not for me.
p.116

また次回に。
Maybe next time.
p.122

もう帰るね。
I'm out of here.
p.124

元気、好調

A：Did you hear he ran the marathon in 4 hours?

彼、4時間でマラソン完走したって聞いた？

B：Wow, he really is in shape.

すごいね〜。本当に健康的。

---

1 You are in shape.

everyone

---

2 I'm good.

everyone

---

3 I can't complain.

everyone

---

4 We are smooth sailing.

everyone

---

5 We are on track.

everyone

体も経済も健康であれば in shape で表す

in shape は体の状態がよい、健康的であること
を意味します。ビジネスや経済状況の「調子がよ
い」という意味としても使うことができますが、
その場合は、Our economy is in good shape
right now.（今、経済は調子いいですよ）のよう
に、shape の前に good か great を入れる必要
があるので注意しましょう。

健康的ですね。	逆に「体調が悪い」は in bad shape と言います。ひどい風邪をひいたり、うつ病になったりなど in bad shape は、かなり状態が悪いニュアンスが含まれます。
元気だよ。	日常会話では、I'm を省いて、Good! や Great! とシンプルに答えることも多いです。I'm well. と表現することもできますが、多少フォーマルな響きがあります。
順調だよ！	仕事や生活において「文句なし」と返答をしたいときに使える表現。ものごとが全て順調に進んでいる意味合いが込められています。日常会話では I を省き、Can't complain. と言う人も多いです。
順風満帆だよ。	smooth sailing はスムーズな帆走、つまり「順風満帆」という意味。ものごとの進行が簡単で楽といった場合にも使われます。smooth sailing（順調に進む）は、going smoothly や run smoothly のように表現することも。
軌道に乗っているよ。	track は列車の線路や競技場の「トラック」を意味し、ビジネスが順調に進んでいることを表します。あらかじめ立てたスケジュールに沿って、順調に進むことがポイントです。

不調

A: **I'm really out of shape.**

I need to start exercising soon.

本当に運動不足。そろそろ運動しないと。

B: **I'll exercise with you!**

一緒に運動するよ！

1	I'm really out of shape.		everyone

2	Terrible.		everyone

3	It could be better.		everyone

4	I caught a cold.		everyone

5	I have a fever.		everyone

「不健康」な状態を意味する out of shape

out of shape は太っていたり、運動してもすぐに疲れてしまう「不健康」な状態を意味します。同じ shape を使った言い換え表現の bad shape や terrible shape は、運動以外にも、体の調子やビジネスの調子など、状態が「悪い」という意味で使うことができますが、out of shape に関しては「運動不足」という意味しかないため、使い分けに気を付けましょう。

本当に運動不足。	p.78- 1 で挙げた in shape（調子がよい）の反対が out of shape です。「運動不足になってきた」は現在進行形と get を使って I'm getting out of shape. で表現します。
最悪！	気分が最悪であることを強調したいときは horrible や awful などを使うこともできます。terrible は「ひどい」という意味で、bad（悪い）を強調した語です。
いまいちだね。	It could be worse. とも表現できます。It could be better. は、ものごとが期待していたよりも上手くいっていない状況で使われ、「いまいち」や「あまりよくない」を意味します。
風邪をひいちゃった。	have a cold は「風邪をひいている」、caught a cold は「風邪をひいたばかりだ」というニュアンスがあります。I came down with a cold. と言うと、より口語的。
熱があるんだ。	have a fever は熱がある状態を表します。I came down with a fever. と言っても。fever には「フィーバー」というカタカナ語になったとおり、「熱狂」という意味もあります。

簡単に自己紹介

🔊 033

A：It's nice to meet you, Mr. Yamada.

山田さん、初めまして。

B：Please call me Hiro.

ヒロと呼んでください。

---

1 Please call me Hiro.

everyone

---

2 I go by Alex.

everyone

---

3 I'm an engineer.

everyone

---

4 I work for an import-export company.

everyone

---

5 I grew up in Tokyo.

everyone

ニックネームで呼んでもらおう

日本人の名前は外国人にとって発音しにくい場合が多いので、呼びやすいように名前を省略するか、ニックネームを伝えましょう。例えば、名前が「ヒロアキ」の場合は **My name is Hiroaki, but please call me Hiro.**（名前はヒロアキですが、ヒロと呼んでください）と自己紹介すれば完璧です。

ファーストネームを呼び合うと、親近感も高まるね。

ヒロと呼んでください。	**You can call me～.** もよく使われます。ビジネスシーンでは、初対面の人を〈**Mr. / Mrs.+** 名字〉で呼ぶのが一般的ですが、アメリカではファーストネームで呼んでもらうこともよくあります。
アレックスと呼ばれています。	**I go by** の後にはニックネームを入れてもOKです。この **go** は「～で通用する」という意味で、**by** を付けて「～と呼ばれている」となります。
私はエンジニアです。	**I'm a / an～.** は職業などを説明する定番表現。アメリカでは職業を聞かれた際、経理やエンジニア、営業など具体的な職種を伝えるのが一般的です。
貿易会社で仕事をしています。	**work for** の後に業種や会社名などを入れて説明します。「貿易会社」は **a trading company** と言うこともできます。
東京で育ったんだ。	**grew** は **grow**（育つ）の過去形です。**I was raised～.** より口語的な響きに。「～で生まれた」は **I was born in～.** と、「～で生まれ育ちました」は **I was born and raised in～.** と表現します。

83

〜が好き

A：What do you usually drink?

普段は何を飲むの？

B：I'm into dark beer right now.

今は黒ビールにはまっているんだ。

---

1 I'm really into K-pop singers right now.

everyone

---

2 I love cooking.

everyone

---

3 I have acquired a taste for black coffee.

everyone

---

4 This song has been growing on me.

everyone

---

5 I am big on classical music.

everyone

「はまる」は、into で表す

into は「〜の中に」という意味から転じて、「（ものごとに）はまる」という意味に。into の前に really や so などを付けると、「本当に」「すごく」とはまり具合を強調することができ、多くのネイティブは、こちらの言い方を好む傾向があります。into の後ろには名詞のほか、watching YouTube（YouTube を見ること）のような動名詞（動詞の ing 形）をもってくることもあります。

really を加えた
言い方は、
1 を check!

今、K-popの歌手にはまっているの。	into は、食べ物や飲み物、スポーツ、音楽、趣味などに限らず、誰か（人）に夢中になっている状況でも使えます。
料理するのが大好きです。	love は、恋愛の場面より、普段の「大好き」を伝える定番表現として覚えたほうが使いやすいです。love の後は、不定詞より動名詞の方がよりナチュラル。
私は徐々にブラック・コーヒーが好きになった。	「だんだん好きになってきた」と言いたい場合のフレーズ。acquire は「時間をかけて手に入れる」というニュアンスがあるので、「徐々に」という意味を表します。
この曲は聞けば聞くほど好きになった。	grow は「次第に〜になる」という意味があります。on は何かに影響を与えるという意味があるため、「この曲は次第に自分に影響を与えるようになった」が直訳です。
クラシック音楽が大好きです。	big on は、音楽や食べ物、映画などが「大好き」であることを意味します。ちなみに、「クラシック音楽」という場合には classic ではなく、classical という形容詞を使います。

第一印象

A：What did you think of him?

彼についてどう思った？

B：He came off pretty confident.

自信に満ちた感じの人だったね。

1	He comes off as a nice guy.	everyone
2	You can't judge a book by its cover.	everyone
3	He made a good impression on me.	everyone
4	It makes you seem unreliable.	everyone
5	It leaves a bad impression.	everyone

「彼って〜っぽいね」はお馴染みの come で表す

come off は、初対面の相手に印象を与えたり、印象を受けたりすることを表し、「〜っぽいね」「〜そうですね」というニュアンスになります。come off の後には、形容詞や as を続け、「どのような印象を与えた／受けたのか」と具体的な内容を説明します。

彼はとても優しそうだね。	come off as で「〜の印象を与える、〜のように見える」の意味に。nice には「親切な、思いやりがある」という意味があることを覚えておくと便利です。
外見で判断してはいけません。	Never judge a book by its cover. は定番のアメリカンフレーズで、人やものごとを外見ではなく、しっかりと中身を知ってから判断することを表します。
彼の印象はとてもよかったよ。	「第一印象」なら、first impression と言います。「彼のパフォーマンスは私にいい印象を与えた」と言いたいときは、His performance made a good impression on me. になります。
頼りなく見えそう。	〈make ＋人＋ seem〉で「〜のように見える」の意味になります。「頼りがいがある」は reliable で表現できます。
悪い印象を与えます。	impression は、bad や negative などで、マイナスの印象を表します。leave は「去る」「離れる」「置いていく」とさまざまな意味がありますが、後ろに目的語がくると「残す」という意味をもつことがあります。

久しぶり

A: **I haven't seen you in a minute.**
How've you been?

しばらくだね。元気？

B: **I'm busy with work these days.**

最近仕事が忙しいのよ。

1	I haven't seen you in a minute.	man & young
2	Hi, stranger!	everyone
3	It's been a while.	everyone
4	Yesterday, I met with Brian for the first time in a long while.	everyone
5	I haven't seen you in forever.	everyone

「しばらくだね」は皮肉を込めて⁉

in / for a minute をそのまま訳すと「1分」になりますが、会話においては「長い間」を意味します。これは、多少皮肉が込められた表現であり、in / for a long time の代わりに使います。特に、久しぶりに会う友だちに対して「しばらく会ってなかったね」と言いたい場合によく使われます。

しばらくだね。	「久しぶり」というときには、現在完了を使うのもポイント。in / for a minute は文字通りの「1分、ちょっと」なのか、あるいは「長い間」なのかは、状況に応じて判断を。
よっ、久しぶり！	しばらく会っていない知人に対する挨拶として使います。「よっ、知らない人！」というのが直訳ですが、友人同士で「おっ、久しぶり！」というニュアンスで使うちょっとおどけたカジュアルな言い方です。
久しぶり！	It's been a long time. も同じ意味・用法で使われます。「久しぶり」を強調した言い方としては、It's been ages. があります。What's going on?（調子はどう？）などと話を続けてもいいでしょう。
昨日、久しぶりにブライアンさんと会いました。	「○日ぶり」や「○か月ぶり」など、具体的な期間を言っても。その場合は、in a long while を in 5 days , in 2 months のように表します。
あなたに会うのは本当に久しぶりですね。	in forever は多少くだけた言い方です。forever は「永久に」と覚えている人も多いと思いますが、「とても長い期間」という意味もあります。

忘れる

◀)) 037

A : **Where were you yesterday?**
We were supposed to meet for dinner.

昨日はどこにいたの？
一緒に夕食をとるはずだったのに。

B : **Oh my god, I'm sorry.**
It totally slipped my mind.

あ、ごめん。すっかり忘れてた。

---

1 It totally slipped my mind.

everyone

---

2 You always forget his name.

everyone

---

3 I blanked out.

everyone

---

4 I lost my train of thought.

everyone

---

5 I'm having a senior moment.

everyone

「忘れる」は「抜け落ちる」こと

slip は「すべる、抜ける」ことから slip my mind は「記憶から抜け出る」ことを表します。I forgot と同じ意味で使うことができる便利な表現です。completely、もしくは totally と組み合わせて、It completely / totally slipped my mind.（完全に忘れてた）のように使われることが多いです。

すっかり忘れてた。	slip は「滑る」「抜ける」「離れる」という意味なので、「私の心からすっかり抜けてしまった」が直訳となります。His name slipped my mind.（彼の名前を忘れた）のように、忘れたものを明らかにすることもできます。
あなたは彼の名前をいつも忘れちゃう。	forget は「忘れる」の定番表現。「物を置き忘れる」も forget を使って言えばOK。「傘を忘れた」は、I forgot my umbrella. に。
ど忘れしました。	blank は p.26- 4 で紹介したとおり、「白」「白にする」という意味。out をつけると「忘れる」という意味が出てきて、「頭の中が真っ白で見えなくなった」に。
なに話してたんだっけ？	train of thought（一連の考え）から lost した（迷った）というニュアンス。ちなみに train は「列車」のほか、ウエディングドレスの「トレーン」のように「まっすぐ続くもの」という意味もあります。
ど忘れしてる。	senior moment は「年寄りの物忘れ」の意味です。ど忘れしたことを冗談ぽく言うユーモラスな言い方としてよく使われ、ネガティブなニュアンスはありません。

性格・人格

◀)) 038

**A：My sister has such a big mouth.
She tells mom everything.**

私の妹は本当におしゃべりなの。
母親に何でも言うのよ。

**B：Tell me about it.
My sister is the same way.**

よくわかるわ。私の妹もそうなのよ。

---

1 He has a big mouth.

everyone

---

2 You're such a chatterbox!

everyone

---

3 I'm more of an introvert.

everyone

---

4 She is a go-getter.

everyone

---

5 He is down to earth.

everyone

big mouth は和製英語

直訳すると「大きな口を持っている」となる **have a big mouth** は、秘密を守れない人のことを指します。そんなおしゃべりな相手を口止めする場合には、**Keep your big mouth shut!**（余計なことしゃべらないでね！）などと言うことができます。ちなみに、日本語では大口を叩いたり、ホラを吹く人のことをビッグマウス（**big mouth**）と表現していますが、実はこれは完全に和製英語です。

彼は口が軽い。	**big** の代わりに **loud**（大声の）でも。いずれも、「おしゃべり」という意味になります。強調した言い方をする場合は **such** を加えて **have such a big mouth** と表現します。
あなたって本当におしゃべりね！	**chatter** 一語でも「くだらないおしゃべり」、「ぺちゃぺちゃしゃべる」という意味があります。**chatterbox** は直訳すると「おしゃべりな箱」。転じて「よくしゃべる人」に。
私はどちらかというと内向的です。	社交の場にほとんど参加せず、ひとりの時間を好む性格の持ち主を **introvert** と言い、反対の「外交的」「社交的」な性格は **extrovert** と言います。ちなみに「人見知り」は **shy** で表現します。日本でも使いますね。
彼女はやり手だ。	**go-getter** は **Go and get it.**（取りに行く）に由来し、自発的に仕事をするニュアンスです。「本物のやり手だ」のように強調する場合は、**go-getter** の前に **real** を加えます。
彼は堅実な人だ。	**down to earth**（足が地につく）で堅実であることを表現しています。心が広い、優しい、落ち着いた、礼儀正しいなどの意味合いをもつ褒め言葉でもあります。

気持ちを表す

A：What do you think about this restaurant?

このレストランどう思う？

B：I'm a bit let down.

ちょっとがっかりだな。

---

1 I feel let down.

everyone

---

2 I am relieved.

everyone

---

3 Get your act together!

everyone

---

4 I'm excited.

everyone

---

5 I feel refreshed.

everyone

がっかりは down で表す

「がっかりする」は feel down で表現しますが、例文のように、feel ではなく be 動詞を使うこともできます（2）。相手を「がっかりさせる」場合は、Don't let me down.（私をがっかりさせないで）のように、let someone down の形で表現することができます。この場合、feel や be 動詞は不要で、down だけで表します。

がっかりしています。	be 動詞 +let down、もしくは feel+let down の組み合わせで使えます。let down というイディオムには「期待を裏切る」という意味があり、そこから「失望した」「がっかりした」という意味が出てきます。
ホッとしました。	気持を表す表現は、〈主語 + be 動詞 + 気持ち〉〈主語 + feel + 気持ち〉の 2 パターンがあります。「〜と聞いてホッとした」と、具体的に言う場合は that でつなぎ、I am relieved to hear that〜 . と表現します。
しっかりして！	いい加減な行動や態度に対して言う表現です。Get it together. も同じ意味です。弱音を吐いている人に励ましとして「しっかりね！」という場合もこれを使います。
ワクワクする。	I can't wait. と組み合わせて、I can't wait. I'm so excited.（待ちきれない、すごくワクワクするよ！）と言うのも一般的です。 excited の前に so や very を加えて、ワクワク感を強調することもできます。
すっきりした。	「すっきり」にはいくつか表現があります。気分を爽快にする→refresh、快い感じ→delightful、快適である→pleasant のように使い分けます。

意見を聞く

A：Let me talk it over with my colleagues first.

決める前に同僚と話し合います。

B：That's fine. Just let me know by Monday.

問題ありません。
月曜日までに連絡をください。

1	Let me talk it over with my boss.		everyone
2	What do you think?		everyone
3	I was just wondering what you thought about it.		everyone
4	Let's bounce some ideas off each other.		everyone
5	Please speak your mind.		everyone

「話し合い」の口語的な表現は……

「話し合う」というと、**discuss** という単語を思い浮かべる人も多いと思いますが、実は日常会話では、より口語的な **talk (it) over with** を使うのが一般的。交渉に限らず、人と話し合うことを示すとき全般に使えます。ものごとを最終的に決める前に話し合いをしたいことを相手に伝えたいニュアンスが感じられるフレーズです。

上司と話し合います。	**talk over** で「話し合う」という意味。**it** は話し合う内容を指しています。日本語の「その件については、上司と話し合います」は、このフレーズでOK。
あなたはどう思いますか？	直訳すると、「あなたは何を考えていますか？」。つまり「どう思いますか？」に。「〜についてどう思いますか？」と具体的に尋ねる場合は、後ろに〈**about** ＋名詞〉を続けましょう。
それについてどう思っているのか気になっていただけです。	相手に気を使って意見を尋ねるときは、**I was just wondering〜.** で表現します。「今」気になっていても、「気になっていた」と過去形にするのは日本語でもよくあること。遠回しに言うことで丁寧さを表しています。
アイディアを出し合いましょう。	**bounce**（跳ねる）に **off** を入れて「跳ね返る」という意味から、意見を交換し合うニュアンスが出てきます。**some ideas** を **a few ideas** や **a couple of ideas** などに置き換えることもできます。
本音を言ってください。	率直な意見や考えを聞きたいときによく使う表現。「本音を言う」は、**speak your mind** で表現しています。

提案する

◀》041

A：Do you think we should change the slogan?

スローガンを変えたほうが
いいと思いますか？

B：It might be better to change the design, not the slogan.

スローガンを変えるよりは、デザインを
変えたほうがいいかもしれません。

---

1 It might be better to drop the price.

everyone

---

2 We are better off canceling the event.

everyone

---

3 I'd like to add something.

everyone

---

4 Have you thought about offering new services?

＊thought＝thinkの過去形

everyone

---

5 Why don't you 〜?

everyone

やや控えめに自分の考えを述べる

ちょっと控えめに自分の考えを言う表現として It might be better to 〜 . という言い方があります。You should 〜 .（〜 したほうがいい）や Why don't you 〜?（〜しませんか）よりも少しソフトな提案の仕方で、「〜したほうがいい」よりは「〜したほうがいいかもしれません」のニュアンスになります。

日本語の「〜かもしれないね」と同じ感覚で使えます。

値段を下げたほうがいいかもしれません。	It might be a good idea to 〜 . に置き換えることもできます。「値段を上げる」は raise the price で表現します。
そのイベントはキャンセルしたほうがいいね。	off の後には動名詞が続きます。better off には、「（何かと比較して）よりよくなる」のニュアンスがあります。
ちょっと補足したいのですが。	相手のアイディアや発言に対して意見や提案を述べたいときに使います。「付け加える」のニュアンスを add で表現しています。
新しいサービスを提供するのはどうかな？	新しいアイディアを提案するときのカジュアルな表現です。アドバイスするときに頻繁に使われるフレーズなので、You should 〜 . の代わりにぜひ使ってみてください。
〜をしたらどう？	日常会話で頻繁に用いられる表現で、You should 〜 . の代わりに使えます。自分も含む場合は、主語の you を we に変えて、Why don't we 〜?（〜しませんか？）に。

お願いする

◀» 042

A：May I be excused for a minute?

ちょっと席を外してもよろしいですか？

B：Sure go ahead.

もちろん、どうぞ。

1	May I be excused for a minute?	

everyone

2	I have a favor to ask.	

everyone

3	I'd like to take the day off tomorrow.	

everyone

4	Is it OK if I leave early this afternoon?	

everyone

5	Could you do me a favor?	

everyone

席を外すときは一声かける

May I be excused〜? は、席を離れるときに使う、かなりフォーマルな言い方。ミーティングなど人が集まっている場で、上司の許可を得るために使われるイメージの表現です。
ちなみに、仕事中に自分の机から離れる場合は、シンプルに **I'll be right back.**（すぐに戻ります）のような表現のほうが適しています。

自分の席を立つとき、**I'll be right back.** とさらりと言うと◎！

ちょっと席を外してもよろしいですか？	excuse は「許す、容赦する」の意味があります。3人以上で会話をしていて、そのうちの1人に席を外してほしいときは、**Would you excuse us for a moment?**（しばらく席を外してくれますか？）と言います。
お願いがあるんだけど。	**Can I ask you (for) a favor?** でもOK。ちなみに、大きなお願いごとを頼むときは **I have a big favor to ask.**、小さなお願いごとは **I have a small favor to ask.** と言います。
明日休ませていただきたいのですが。	具体的な曜日であれば、**take Friday off**（金曜日に休みを取る）のように言います。〈**take** ＋ある日時、期間＋ **off**〉で「〜に仕事の休みを取る」という意味です。
午後から早退したいのですが。	相手の許可を求める表現。「早退する」は、**leave early** のほかに **go home early** もよく使われます。
お願いがあるのですが。	誰かにお願いしたいことがある場合の定番表現。**Could** を **Can** にするとカジュアルな表現となります。favor は「好意、親切」という意味なので、「あなたは私に親切なことをしていただけませんか」が直訳に。

賛成する

A：I think James needs to stop pointing fingers and take responsibility.

ジェームズは人のせいにしないで、
しっかりと責任を取るべきだと思う。

B：I'm with you.

私も同感よ。

1	I'm with you on that.

2	You're right.

3	I agree with you.

4	Let's go with that.

5	I couldn't agree more.

「同感」をフレンドリーに言う

I'm with you. は人の気持ちや意見に共感したとき
に使われる、ややくだけた相槌表現。I agree. と
同じ意味ですが、I'm with you. のほうがカジュ
アルでフレンドリーなニュアンスに。
「〜の点で同感する」と具体的に言う場合は、I'm
with you の後に〈on +名詞〉を入れ、同感す
る内容を具体的に説明しましょう。

それに賛成するよ。	「私はそれに関してあなたと一緒にいます」が直訳。that の代わりに、your decision のように同意する対象を入れてもOK。
そうですね。	相手に同意する定番表現です。right には「正しい」「適切な」「都合のよい」「健康な」などいろいろな意味があります。
あなたに賛成します。	agree with の後は、you などの人以外にも plan（計画）、opinion（意見）などを入れることもできます。「物」が来る場合は with ではなく to を使うことも。
それにしよう。	相手のお勧めや提案に賛成する場合に使えるカジュアルな表現。go with は「一緒に行く」ですが、「調和する」「進行する」といった意味もあり、そこから「それにしよう」という意味が出てきます。
大賛成です。	not〜more（これ以上〜ない）を使って強い賛成を表現しています。「大賛成」は I completely agree. のように completely（完全に）を使っても表現できます。

考える、保留する

◀)) 044

A：How's the development of the new app coming along?

新しいアプリの開発は
順調に進んでいますか？

B：Actually, I've been busy lately and I had to put it on hold.

実はここ最近忙しくて、いったん
保留しないといけませんでした。

| 1 | We have to put the project on hold. | | everyone |

| 2 | Let me sleep on it. | | everyone |

| 3 | I'll give it some thought. | | everyone |

| 4 | Let me think about it. | | everyone |

| 5 | Give me a day or two to think about it. | | everyone |

ビジネスの場でよく使われる「保留」

put on hold は「保留する」や「持ち越す」を意味します。この表現はビジネスの場で使われることが多く、外的な要因によって一時的に仕事や計画を保留する・中断するというニュアンスがあります。

ちなみに何を保留するのかという内容を説明する場合は、**put** と **on hold** の間に入れます（**1**参照）。

プロジェクトをいったん保留しないといけません。	「電話をつながない」といけない場合も、**put on hold** を使い、**put all calls on hold** と言います。
一晩考えさせてください。	即断や即答を避けたいときに使われることが多い表現。日本語では「（自分が）一晩考える」と言いますが、英語では **sleep on it** と「それを寝かせる」と表現します。
考えておきます。	**it** は「考えている問題」を指しています。この **thought** は **think** の過去形ではなく、「（難題などを）熟考すること」という名詞です。
考えさせて。	〈**Let me** ＋動詞の原形〉で、「私に〜させてください」という定番表現。個人的な経験から言うと、**No** を遠回しに伝えるときの返事として使われる傾向があります。
数日間考える時間をください。	何か重要なことを決める際、数日考える時間がほしいときに使われる言い方です。**a day or two** の代わりに、**a few days** や **a couple of days** と言ってもOK。

反対する、断る

A：What do you think of our proposal?

提案についてどう思いますか？

B：It seems like a great opportunity, but I'll have to pass on it this time.

素晴らしい機会だと思いますが、
今回はお断りします。

---

1 I'll have to pass on this offer this time.

everyone

---

2 I turned down the offer.

everyone

---

3 I think I'll pass.

everyone

---

4 I don't buy into the idea.

everyone

---

5 I disagree with him.

everyone

やんわり断る場合は pass を使う

pass は要求を断るときに使われますが、ニュアンスとして「チャンスを逃す」意味があり、せっかくの機会だけど、今回は断りますと伝えたいときに使います。
「断る」というと、reject を思い浮かべる人も多いかもしれませんが、ややきついニュアンスがあるので、例文の pass や turn down を用いるなどして使い分けましょう。

せっかくの機会ですが、今回はお断りします。	断る内容を具体的に言う場合は、pass on の後に入れます。「義務」を表す have to を使うことで、客観的な事情によってそうしなければならないというニュアンスが出ます。
提案を断りました。	ビジネスの場でも用いられ、依頼、要求、申し出や提案を断るときに使います。ちなみに turn down は、ステレオなどの音量を小さくするという意味もあります。
遠慮しておくよ。	相手の誘いをやんわり断るときに使える口語表現です。友だちや同僚をはじめ、目上の人に対しても使える便利なフレーズ。後ろに this time を加えると、「今回は遠慮しておく」という意味に。
その考えには賛成しません。	buy into（賛成する）は一般的に、「賛成しません」を表すときに否定形で使われます。ちなみに、buy into には、「信じる」という意味もあります。
私は彼に反対です。	disagree は、agree の反対語。dis を付けると多くの語は反対の意味を表します。

046

CHAPTER 2-16
断定

A：**I bet Tony is going to be 10 minutes late.**
トニーは絶対に10分遅れて来るよ。

B：**I bet he's going to be 20 minutes late. He's never on time.**
20分遅れて来るに違いない。
彼は絶対に時間を守らないからね。

1 I bet you'll like that movie.

everyone

2 I'm sure she regrets it.

everyone

3 I'm positive.

everyone

4 I have no doubt it will work out.
＊doubt＝疑う

everyone

5 Definitely yes.

everyone

お金を賭けてもいいほど確信がある！

bet は「お金を賭ける」ことを意味することから、
お金を賭けられるくらい確信度が高いということ
を表す場合に使われる表現です。
「きっと〜だ」や「〜に違いない」といった意味と
して、日常会話では、I think よりも確信度が高
い場合に頻繁に使われる表現の一つです。

君はきっとその映画を気に入るよ。	I bet を断定の意味で使う場合は、未来の表現が続くことが一般的。ちなみに I'll bet! と言うと、「きっとそうだろう」という意味になります。
彼女はそれを後悔していると思うな。	I'm sure は I bet に比べて弱く断定する場合に使われます。おなじみの I think〜. よりも強い意味を出したいときは、sure を使ってみましょう。「自信がない」という場合は I'm not sure〜. と否定文にします。
間違いないね。	positive の反対語は negative ですが、I'm に続けて言うのは、ほぼ positive のみ。positive には「前向きな、積極的な」のほか、「確信している」という意味があります。
間違いなく、上手くいくよ。	have no doubt には no が入っているので、「少しも疑わない」のニュアンスに。doubt を動詞で使い、I don't doubt it will work out. としても同じ意味です。
絶対そう。間違いないね。	definitely（確かに、間違いなく）が yes を強調しています。Absolutely yes. としても同じ意味です。

〜へ行く

**A : We are doing hot pot tonight.
Why don't you come over?**

今夜鍋をするんだけど、うちに来ない？

**B : Sure. What time
are you starting?**

ええ、もちろん。何時にスタートするの？

---

1 Why don't you come over
this weekend?

everyone

---

2 I'll head over at 6 p.m.

everyone

---

3 I'm on my way.

everyone

---

4 I'm heading to Trader Joe's
right now.

everyone

---

5 I went straight to the gym
after work today.

everyone

come over は自宅に招くときにぴったりの表現

come over は、「自分のいる場所に来る」を意味するフレーズです。特に自宅に友人が来たり、家族や同僚を自宅に招いたりする状況で使われることが多く、come to my house の代わりに、シンプルに come over と表現することができます。

今週末うちに来ない？	Why don't you～? は誘うときの定番表現です。Why don't we～? と we にすると「(一緒に) ～しようよ！」の意味に。
午後6時に行くね。	head は名詞では「頭」。動詞になると「頭を向ける」から「そちらへ向かう」という意味が出てきます。ちなみに「これから伺う」と近い未来を表す場合は現在進行形にして、I'm heading over right now. に。
今、向かっている途中だよ。	on the way と the を使っても同じ意味ですが、in the way は「邪魔になっている」という意味なので、前置詞は間違えないようにしましょう。on one's way は「～の途中で」というイディオムです。
今、トレーダー・ジョーズに向かっているよ。	head to ～ は「～に向かう」の意味で、go to の代わりによく使われます。I'm headed to～と言ってもOK。head over (there) は単に「そちらに向かう」ですが、head to は具体的な場所を言うときに使います。
今日は仕事の後、ジムへ直行だ。	straight to は、何かの目的や目標に向け進行する行為を即座に実施することや、途中で途切れることなく実行するニュアンスがあります。straight は「真っ直ぐに」なので、go straight は文字通り「直行」という意味に。

大切な、大事な

A: You visited your grandmother again?
Do you visit her every weekend?

またおばあちゃんに会いに行ったの？
毎週末、会いに行っているの？

B: Yeah, she is someone that
I hold close to my heart.

うん、おばあちゃんは僕にとってとても
大切な人なんだ。

---

1 I always keep my family close to my heart.

 everyone

---

2 Exercising is paramount to your overall health.

 everyone

---

3 That was a critical mistake.

 everyone

---

4 It means the world to me.

 everyone

---

5 It's your big day today.

 everyone

「大切な」は「心に近い（close to one's heart）」と表す

close to one's heart を直訳すると「〜の心に近い」になり、very important と同じ意味合いをもちます。自分にとって「重要なものごとや大切な人」という意味として用いられる口語的な表現です。close to my heart の前には、大事に思っている対象を入れて言いましょう。

私はいつだって家族を大事にしているの。	文脈では、keep ... close to one's heart（〜を大事にしている）、または ... is / are close to one's heart（〜は大事なこと）の形式で用いるのが一般的。
運動は健康であるためには極めて重要だ。	paramount のあとに to（〜にとって）を続けて、重要である具体的な内容を言います。paramount は「最重要の」という意味で、most important を一言で表した語です。
それは重大な間違いだったよ。	important はプラス、マイナス両方の意味でも使われるのに対し、critical はマイナスの意味での「重大な」の場合に用いられます。ちなみに、critical には「批判的」や「危機」などの意味もあります。
それは私にとってかけがえのないものなの。	mean(s) the world to me（私にとって世界を意味する）から、「かけがえのない」の意味に。You mean the world to me. は、「あなたは私にとってかけがえのない存在です」になります。
今日は重大な（特別な）日だね。	big day は「大事な日」を表します。大学入試や仕事の重要なプレゼン、誕生日から記念日まで、いつもとは違う特別な日を一括りで「大切な日」や「重要な日」と表現する際に使えます。

おいしい

049

A：Have you tried ABC Café's hamburger?

ABCカフェのハンバーガーは、
食べたことある？

B： Of course! Their hamburger is second to none!

もちろん！　あのハンバーガーは
他と比べようもないほどおいしいよ！

---

1 This pasta is second to none!

everyone

---

2 It's out of this world.

everyone

---

3 This steak is bomb!

young

---

4 Delicious!

everyone

---

5 The tiramisu is supposed to be amazing here!

everyone

「ベスト」よりこなれた「一番」の言い方

second to none は「誰に対しても2番目にはならない」から、「一番」の意味になります。「本当に一番だ！」「ベストだ！」と思ったときに使ってみましょう。
商品やサービス、ビジネスやレストランなどの「一番」を表すとき、the best の代わりに幅広く使える便利なイディオムです。

このパスタは今まで食べてきたパスタで一番だ！	「〜を除いて一番」は second only to〜と言います。「誰に対しても2番目にはならない」から「一番」の意味になります。
天下一品だよ。	world を使ったイディオムは、p.112-4では、It means the world to me.（私にとって世界そのもの＝かけがえのない）を紹介しましたが、こちらの world は「世界そのもの」ではなく、「この世」の意味。
このステーキ最高だね！	bomb は「爆弾」なので、「爆弾のようなショックがある」ことから、「最高！」の意味が生じます。a や the は入れません。主に、カリフォルニア州で使われるスラングなので、フォーマルの場で使うのは避けて。
すごくおいしい！	シンプルに「おいしい」を表現する定番表現。delicious 一語で「とてもおいしい」という意味なので、通常、very は付けません。
ここのティラミス、すごくおいしいらしいよ。	amazing は「驚くべき」ですが、そこから「素晴らしい」という意味に。なお、逆の意味での「驚くべき（あきれたね！）」を表す場合にも使われます。ちなみに、amazing 一語でも、おいしさを表現できます。

まずい

◄))) 050

A: I think I ate too much. I feel gross.

食べすぎたかも。気持ち悪いよ。

B: I ate more than
I should've too.
I'm beyond stuffed.

僕も食べすぎた。苦しい。

---

1 This is gross.

everyone

---

2 This tastes awful.

everyone

---

3 It's so nasty!

everyone

---

4 It's not for me.

everyone

---

5 It tastes different.

everyone

gross は「気持ち悪い」の意味

gross は「気持ち悪い」を意味する、日常会話で
よく使われる言い方で、disgusting（嫌な）と同
じ意味になります。
料理の場合には「吐き気を催すようなまずさ」の
ニュアンスがありますが、人、物、場所などがあ
まりにも汚くて気持ち悪いと思うときにも使うこ
とができます。

これ、すごくまずい。	gross は feel に続けることも、be 動詞の後に続けることもできます。「12 ダース」を指す gross（グロス）と同じつづりですが、別の単語と考えましょう。
超まずい！	この taste は動詞なので、三単現の s を忘れないように入れましょう。awful は「最低」「ひどい」「嫌な」といった意味で、bad（悪い）を強調した語です。
超まずいんだけど。	nasty の反対語は nice なので、n で始まる反対語同士として覚えるとよいでしょう。nasty は、味やにおいが不快であることを意味します。
これは好みじゃないな。	It's not for me. は、「自分に合っていない」を意味する表現。食べ物をはじめ、仕事や趣味が自分に合っていないときに使われます。
イメージしていた味と違うな。	イメージしていた味と違うと言いたいときに使える表現。ちなみに、「いつもと味が違う」は、different の代わりに unusual を使い、It tastes unusual. と言います。

興味、趣味嗜好

051

A : What's it like having kids?
子どもがいるのってどう？

B : It's a lot of fun. They are curious about everything.
すごく楽しいよ。
何にでも興味を示すんだ。

---

1 I'm curious about Japanese culture.

everyone

---

2 My European friends go crazy over soccer.

everyone

---

3 I want to take up cooking this year.

everyone

---

4 I play the guitar for fun.

everyone

---

5 He is very particular about his fashion.

everyone

「興味をそそられる」は curious about で表す

curious は、自分にとって新しい情報や知らないこと、または魅力的なものごとに引きつけられる場合に、「気になる」や「興味をそそられる」の意味として使われます。
「〜に興味がある」「〜が気になる」と具体的な対象を入れるときは、I'm curious の後に、〈about＋気になる対象〉を入れましょう。

日本の文化に興味があるんだ。	curious は「好奇心をそそる」を意味することから、I'm curious about 〜 . は、「〜について知りたい／興味がある」を意味します。just を入れて、I'm just curious. で「ちょっと気になっただけ」の意味に。
ヨーロッパ人の友だちはサッカーに夢中だよ。	over の代わりに about もよく使われます。go crazy には「熱狂する（ほど好きである」のほか、「かんかんに怒る」の意味があります。
今年は料理を習いたいな。	take up は「取り上げる」という意味で、「興味があるものを始める」ときに使います。趣味などを始めたいと言うときに、ぴったりの言い回しです。
趣味でギターを弾いているんだ。	for fun は「楽しみで」という意味なので、「仕事ではなく楽しみで」から、「趣味で」という意味が生じます。楽器名には the を入れると習った人も多いと思いますが、現在は the がない形でも、よく使われます。
彼はファッションに、こだわりがあるんだ。	particular は、食べ物やファッションなど様々な種類のこだわりに対して使われます。particular は「好みがうるさい」という意味で、about を続けて「〜について」を表します。

連絡する

A : Good luck in New York! Let's stay in touch.
NYでも頑張ってね。
ちゃんと連絡を取り合おうね。

B : Thanks! I'll drop you a line once I settle down.
ありがとう。
いったん落ちついたら連絡するね。

---

1 Drop me a line when you get a chance.

everyone

---

2 Did you get ahold of John?

everyone

---

3 What's the best way to get in touch with you?

everyone

---

4 I'll hit you up after work.

young

---

5 You can text me anytime.

everyone

line（ライン）は文章の一文を意味する

drop someone a line はもともと、「手紙を書く」
ことを意味する表現でしたが、現代では E メール
や携帯、ソーシャルメディア（LINE や Facebook
など）で連絡をする意味をもっています。
line は文章の一文を意味するので、短いメッセー
ジで相手に近況を知らせる、相手の近況をうかが
うニュアンスが含まれます。

時間があるときに連絡してね。	友人との別れ際などに使えるフレーズです。drop は「落とす」という意味なので「1 行私に落としてください」が直訳です。
ジョンさんと連絡取れた？	get ahold of はビジネスの場面で頻繁に使われます。hold は「つかまえること」であり、get ahold of で「～をつかまえる」から「連絡する」という意味が生じています。
あなたと連絡を取る一番確実な方法はなんですか？	get in touch with～もビジネスでよく使われる表現。2 の get ahold は後ろに of を、get in touch は後ろに with を付けると覚えておきましょう。この touch は「接触」から「連絡」という意味が生じています。
仕事が終わったら連絡するね。	電話やメールなど、一般的な「連絡する」の意味として、どちらかというと若者の間で使われるインフォーマルな言い方。「後で連絡するね」と言いたい場合は、later を使い、I'll hit you up later. と言います。
いつでもショートメールして。	text の代わりに message を使ってもOKです。アメリカではメールではなく、主にtext（ショートメール）でやり取りをします。

また誘って

A: **Do you want to play golf with us tomorrow?**
明日、私たちとゴルフしない？

B: **Sorry, I'm busy tomorrow.**
Can I take a rain check on that?
ごめん、明日は忙しいからまた誘って。

---

1 I'll take a rain check.

everyone

---

2 Maybe next time.

everyone

---

3 How about Thursday at 1 p.m.?

everyone

---

4 How does Friday sound?

everyone

---

5 Let me know the next time you go.

everyone

「誘って！」の語源は「雨天順延券」

rain check の語源は、野球の試合が雨で中止になったときに顧客に配布される「雨天順延券」です。都合がつかず断わざるを得ない場合に使われる表現で、「今回は参加できないけど、次回は必ず行きます！」というニュアンスがあるスラングです。
Maybe next time. のような社交辞令ではなく、次回はぜひ参加したいという気持ちが、相手にも伝わる表現です。

また今度誘ってね。	rain check のイディオムは知っている人も多いと思いますが、動詞は take で、a が付くことを再確認しておきましょう。rain check は、主語の都合のよいときに延期して参加する、という意味合いをもちます。
また次回に。	社交辞令で円滑に断る返答の仕方。maybe は、「おそらく」「ことによると」という意味で、文頭か文末に多く使われます。
今週の木曜日の午後1時はどう？	How about〜?はビジネス以外にも日常会話で頻繁に使われる表現。例文のように、具体的日時を提案することで、前向きな気持ちを伝えることができます。
今週の金曜日は（どう）？	意外と知られていない表現です。How about〜?ばかりで飽きてきたら、この言い方を使ってみて。does と sound の間には、具体的な「曜日・時間」が入ります。
次行くときに連絡して！	let me know で「私に知らせてください」という意味です。Let me know the next time you are in Tokyo.（次回東京に来るときは教えてね）のように表現することもできます。

帰る

A: **I'm done for the day, guys.**
See you tomorrow.

今日はこの辺で。
また明日（お先に失礼します）。

B: **Have a good night.**
See you tomorrow.

よい夜を。また明日ね。

| 1 | See you tomorrow! | |
everyone |

| 2 | I'm out of here. | |
everyone |

| 3 | I'm gonna (going to) go home. | |
everyone |

| 4 | I'm done for the day. | | |
everyone |

| 5 | Don't work too hard. | | |
everyone |

英語で「お先に失礼します」は？

日本では、同僚がまだ仕事をしていて、早めに帰る場合に「お先に失礼します」と言う習慣がありますが、アメリカでは単に「また明日ね」というのが一般的。「お先に失礼します」の言い方は特にないので、退社時も普通の別れの挨拶で大丈夫です。ちなみに、アメリカの家庭での帰宅時の挨拶（「ただいま」）は、**Hi Dad. / Mom.**（お父さん / お母さん、ただいま！）のように言います。

「いってらっしゃい！」に当たる言い方は、**Have a good day!**

お先に失礼します。 お疲れ様です。	金曜日など、休みの前日であれば See you next week! と言います。ちなみに、よく知られている See you later!（そのうちまた！）は、特に会う見込みがないときや、「お疲れ様です」の意味としても使います。
もう帰るね。	「帰る」は、out of here（今いる場所から外に出る）で表現しています。かなりカジュアルな表現なので、目上の人に対して使ったり、フォーマルな場で使うのはNG。
家に帰るよ。	自宅外から「家に帰る」場合には go home を、自宅にいる家族に「6時ごろに家に帰るよ」と連絡するようなときは come home を使います。
今日はこの辺で 切り上げます。	done for the day は「その日の仕事が終わった」という意味です。My work is over for the day. としても同じ意味です。
あんまり頑張りすぎない ようにね。	仕事で残っている人にかける気づかいの言葉です。「仕事」を表す名詞には、work や job がありますが、work は一般的な「仕事」を表すのに対し、job は「収入を伴う仕事」で特定の職業や役割を意味します。

SNSで使える!

ネイティブが使う略語表現 vol.2

インスタグラムやツイッターなど、多くのSNS上で使われる英語の略語表現。vol.2では、ネイティブがよく使う表現に加え、ちょっと汚いネットスラングなども紹介します。

略語の表記は、全て大文字、全て小文字、頭だけ大文字、どのパターンでもOK！

▶**GTG**（Gotta go）

行かないと

例 **GTG! TTYL.**
（もう行かないと！　あとでね！）

▶**IDC**（I don't care）

私は気にしない

例 **IDC what others think.**
（他の人がどう思っているか私は気にしない。）

▶ IDK (I don't know)

⌄⌄

わからない

例 IDK what's going on.
（何が起きてるのかわからない。）

▶ JK / JP (Just kidding / Just playing)

⌄⌄

冗談だよ

例 That was the worst curry I've ever had. JK.
（これまでに食べたカレーの中で一番ひどい。冗談だよ。）

▶ SMH (Shaking my head)

⌄⌄

信じられない

例 There's a drunk guy passed out
on the street. SMH.
（泥酔したおじさんが道端で爆睡してる。信じられない。）

* Shaking my head = 頭を横に振る

▶HBD（Happy Birthday）

⌄⌄

お誕生日おめでとう

> **例** HBD! Hope you have a good one!
> （お誕生日おめでとう。よい誕生日を過ごしてね！）

▶ASAP（As soon as possible）

⌄⌄

できるだけ早く

> **例** Please reply to me ASAP.
> （できるだけ早く返事ちょうだい。）

▶Thx（Thanks）

⌄⌄

ありがとう

> **例** Thx for last night. I had a blast.
> （昨晩はありがとう。楽しかったよ。）

▶ Fam（Family）

家族

例 **You guys are my fam.**
（君たちは家族みたいな仲間だ。）

▶ Pic（Picture）

写真

例 **Awesome pic!**
（いい写真だね！）

▶ BFF（Best friends forever）

大親友

例 **Had fun with my BFF.**
（大親友と楽しい時間を過ごした。）

▶OMG（Oh my god）

˅

どうしよう！

例　**OMG! I missed my flight!**
（どうしよう！　飛行機に乗り遅れちゃった！）

▶WTF（What the fxxx）

˅

どういうこと？　マジで？

例　**WTF? Are you serious? Are you OK?**
（え、マジで？　大丈夫？）

▶STFU（Shut the fxxx up）

˅

うるせぇな！

例　**STFU! It's none of your business!**
（うるせぇな！　お前には関係ないだろ！）

CHAPTER3

会話をつなぐ

日本語同様、英語にも、会話をつなぐ言い回しはたくさんあります。
「なるほど」「えっと…」「本題に入ろう」などの言い方を覚えておくと、
会話もスムーズに流れること間違いなし！

調子は
どう？
How are you doing?
p.132

なるほどね。
Makes sense.
p.134

そうだよね。
I know what
you mean.
p.134

えっと…、
Let me see,
p.136

んー、
そうだなぁ、
Well,
p.136

もう1回
言ってくれる？
Say that again?
p.138

今、なんて
言ったの？
What was that?
p.138

さあ
始めましょう。
Let's get started.
p.142

結局のところ、
At the end of the day,
p.142

ええ、どうぞ。
Sure.
p.144

もちろん。
Of course.
p.144

よく聞き取れ
なかったよ。
I didn't catch that.
p.146

◀)) 055

出会い頭の一言

A：It's been a while, Joe. How are you doing?

ジョー、久しぶりだね。調子はどう？

B：I'm doing good.

いい感じでやってるよ。

1	How are you doing?

everyone

2	How's it going?

everyone

3	How do you like your job?

everyone

4	What have you been up to?

everyone

5	When did we last meet?

everyone

日常会話では文法にはあまりこだわらない

How are you doing? に対し、文法上は、I'm doing ～ . と答えるのが正解ですが、会話ではそこまでこだわる必要はなく、(I'm) good. / great. / all right. / excellent. と返事をするのが一般的。ちなみに、I'm doing good. は厳密に言うと誤り。正しくは、I'm doing well. になります。しかし、ネイティブは、日常会話では文法にあまりこだわらないことから、good を使うことが多いのです。

調子はどう？	How's ～? は、相手の状況や何かの感想を聞くときに使います。ビジネスでも How is the project coming along? （プロジェクトの進行具合はどう？）などと尋ねます。
どうしてた？	How are you doing? に続いて、ネイティブが頻繁に使うフレーズ。とてもフレンドリーな響きがあり、友だちなど親しい間柄の人に対して使われることが多い言い回し。
仕事はどうですか？	How do you like～? は、**1**のバリエーションとして、相手の感想を聞くときの表現です。直訳すると「あなたは～をどのように好きですか」という意味となります。
最近どうしてる？	How have you been? （どうしてた？）もよく使う言い回しです。up to は「(いま)まで」という意味であり、「このあいだ会ってからいままででどうしていたの？」という意味に。
このあいだ会ったのは、いつだったっけ？	何年振りかで会った人に、「このあいだ会ってからもうだいぶ経つよね？　いつ会ったんだっけ？」というニュアンスで使います。last は「この前の」「前回の」という意味。

相槌

◀)) 056

A : She speaks English because she grew up in the U.S.

彼女はアメリカで育ったから
英語を話せるんだよ。

B : Ah, that makes sense.

あ〜、なるほど。

---

1 Makes sense.

everyone

---

2 I have no idea.

everyone

---

3 Tell me about it.

everyone

---

4 I know what you mean.

everyone

---

5 I hate it when that happens.

everyone

「なるほど」は、make sense で表す

make sense は、相手が話していることに対し「なるほど」「わかった」など、わからなかったことが理解できたときに使います。他に「筋が通っている」「納得しました」というニュアンスもあり、日常会話では頻繁に使われるフレーズです。

I understand. の代わりに使える便利なフレーズです！

| なるほどね。 | 本来は、**That makes sense.** ですが、会話では、文頭の that は省略されることが多いです。**Makes sense?**（わかる?）と相手に問いかけることもできます。疑問文のときはイントネーションは上げて。 |

| 全くわかりません。 | 1と逆に、「わからない」という場合の定番表現。本来は「考えたけれどわかりません」という意味ですが、日常会話で「わからない」というとき気軽に使えます。 |

| 言いたいことよくわかるよ。 | 直訳すると「それについて教えてください」ですが、「そのとおり、よくわかるよ。もっと話してよ」という意味合いがあります。 |

| そうだよね。 | 相手が発言したことに対して、「うん、わかる、わかる」と同意を示す表現。日常会話でよく使われ、**I feel you.** と同じ意味合いです。カジュアルな場面でも、深刻な相談ごとに対しても使える便利なフレーズです。 |

| そういうのって嫌だよね。 | 自分の不注意やコントロールできないできごとに使うことが一般的。相手に同情するニュアンスがあり、「私もそういうことが起きると嫌に思います」という意味に。 |

言葉が出ないとき

A：How old is your cat?

あなたの猫は何歳なの？

B：He is... **let me see...** 8 years old.

私の猫は、えっと、8歳です。

| 1 | Let me see, | | everyone |

| 2 | OK, but... | | everyone |

| 3 | Well, | | everyone |

| 4 | That's a good question. | | everyone |

| 5 | Like...you know, | | everyone |

言葉に詰まったらクッションフレーズを。

英語で話しているとき、とっさに言葉が出ないと黙ってしまう日本人が多いようですが、そんなときに活用したいのが、「えっと…」などのクッションフレーズです。日本語で話すときも、時折、「えっと…」「そうですね」「一応」「あの」などと言いますね。英語でも同じです。不自然な間を作らないためには、言葉に詰まったら、まずクッションフレーズを一言。その後、相手の質問などに答えるようにするといいでしょう。

「えっと…」とつないでおけば、焦らず次の言葉を探すことができるね。

えっと…、	頻繁に使われる相槌。一つ覚えるなら、これがお勧め。**Let me see.** は、「〜を見てくれる？」に対して「どれどれ（いま見るよ、確認します）」という意味でも使われます。
わかりました。ただし、	相手の言ったことに、「わかった。でも〜」と言いたいときに使います。**but** の後に上手く言葉が出てこないときは、**but the question is difficult.**「ただその質問は難しいですね」と返してから考えましょう。
んー、そうだなぁ、	日本人がとてもよく使う、「えっと…」「じゃあ」など会話のつなぎとして使えます。「考えるためのひとこと」ともいえます。
いい質問だね。	相手の鋭い質問に対して即答できないときに、ちょっとした時間稼ぎとして使われるクッションフレーズです。また、相手がよい点を指摘したときにも使います。
そのさ、ほら、えーっと、	**like** は「〜みたいな」、**you know** は「君は知ってるよね」が直訳です。

聞き返す

◁》058

A: Could you go over that part again, please?

その部分をもう一度説明してくれますか？

B: Sure. Which part are you talking about?

もちろん。どの部分ですか？

---

1 Could you go over that part again?

everyone

---

2 Could you go into detail on that matter?

everyone

---

3 Could you elaborate on that?

everyone

---

4 Say that again?

everyone

---

5 What was that?

everyone

わからないときは、go over で聞き返す

go over は、「渡る」「調べる」「掃除する（きれいにする）」の意味の他、「繰り返す」「もう一度行う」などの意味もあり、説明がわかりづらかったり、理解できなかったりするときに使える便利な表現です。
ちなみに、Could you 〜？ は丁寧な依頼の表現なので、ビジネスの場や知らない人に何かを依頼するときは、この言い回しを使うと無難です。

その部分をもう一度 お願いできますか？	go over を explain（説明する）に置き換えてもOK。同じ説明について、違った表現で再度説明をしてくださいというニュアンスになります。
その件について、もっと 詳しく言ってくれますか？	**1**の「同じことを別の言い方でもう一度説明してください」に対し、こちらは「同じことをもっと詳しく説明してください」と言いたいときの言い回しです。
詳細に説明 してくれますか？	elaborate（詳細に述べる）はビジネスでよく使われる語なので、覚えておくと便利。**2**と同じように使えますが、こちらのほうがよりビジネス寄り、フォーマルな表現です。
もう1回言ってくれる？	ビジネスの場、特に上司や目上の人に対しては、冒頭に Could you を付けて丁寧な言い方にするのが◎。Come again? という言い方もありますが、こちらはさらにカジュアルな、友人同士で使う言い回しです。
今、なんて言ったの？	What's that? と省略形で言うことも多くあります。What was that? Say that again? と、**4**とセットで使うことも。

◀) 059

話題に困ったとき

A：What do you do for a living?

お仕事は何ですか？

B：I'm a hairstylist.

美容師です。

---

1 What do you do?

everyone

---

2 What do you usually do in your free time?

everyone

---

3 How do you spend your weekends?

everyone

---

4 What do you like to do for fun?

everyone

---

5 What kind of food do you like?

everyone

話を続けることで仲よくなれることも

初対面や、まだあまりよく知らない相手と一緒にいるとき、日本人同士ではお互いに黙っていることも多くあるのですが、英語圏の人々は気軽に会話をします。ちょっとした一言でその場がなごみ、ビジネスが上手くいったり、友だちとして仲よくなったりすることも少なくありません。
話を続けたいけどなんて言ったらいいのかな……と迷ったときは、ぜひここで紹介するフレーズを使ってみてください。

職業は何ですか？	直訳の「（毎日）どんなことをしているんですか？」が転じて「何をしていますか」となり、職業を尋ねる表現に。上の例文のように、**for a living** を付けると「生活のために」となり、意味がより明確に。
普段、時間があるときは何をしている？	「趣味はありますか」と聞きたいとき、**hobby** を使うよりもこちらのほうがよりナチュラルな響きになります。
週末はどのように過ごしていますか？	**How do you spend ～?** は「～をどのように過ごしますか？」の意味に。「週末」ではなく、「土曜日」など、曜日を指定して尋ねる場合は、**How do you spend your Saturdays?** に。
どんなことをするのが好きですか？	**2** と同じように、「趣味」や「余暇の時間」を尋ねる表現。この後、**Do you like music?**（音楽は好きですか？）などと具体的に話題を展開していくと、話が弾みます。
どんな食べ物が好きですか？	**What kind of ～ do you like?** は、「どんな種類の～が好きですか？」を意味し、「～」には、**music**（音楽）や **movies**（映画）などを入れることができます。

前置き

A：All right guys, let's get down to business.

それでは、皆さん本題に入りましょうか。

B：Sounds good.

そうしましょう。

---

1 Let's get down to business.

 everyone

---

2 Let's get started.

＊get started ＝始める、スタートさせる

 everyone

---

3 This is a friendly reminder.

 everyone

---

4 Here is the thing.

 everyone

---

5 At the end of the day,

 everyone

142

本題に入る前の一言

ミーティングの前に、**small talk**（雑談）をすることがよくありますが、そんなとき、「そろそろ雑談は切り上げて、仕事の話に入りましょう」と、会議のスタートを促す一言です。**Can we get down to business?** と疑問文の形で言うことも、よくあります。
その他、言いづらいことやネガティブなことを発する前、相手に心構えをしてもらうために、前置きとして言うこともあります。

さあ、本題に入りましょう。	**get down to** は「落ち着いて取りかかる、真剣に取り組む」というイディオム。ビジネスシーンでは頻繁に使われるフレーズです。
さあ始めましょう。	何かを始める前の最初の呼びかけとして言うことも。その場合は、**Are you guys ready to get started?**（皆さん、始める準備はいいですか？）に。
念のために お知らせいたします。	**reminder** は「思い出させるもの」「督促状」ですが、**friendly** を加えることで、「覚えているとは思いますが、念のために」といったやわらかいニュアンスになります。
困っているんだ。	困ったこと、または問題があることを伝える前置きの台詞として使われます。「これから話すことに頭を悩ませている」という意味に。
結局のところ、	直訳すると「1日の終わり」ですが、そこから「結局のところ」や「最終的には」という意味に。あらゆることを考慮した上で、結論となる考えを示すニュアンスが含まれます。

もちろん、どうぞ

A : Can I use it?

それ、借りてもいいかな？

B : By all means. Here you go.

もちろんです。どうぞ。

---

1 By all means.

everyone

---

2 Certainly.

everyone

---

3 Absolutely.

everyone

---

4 Of course.

everyone

---

5 Sure.

everyone

承諾を示す定番表現あれこれ

相手の質問や提案に対して、承諾または同意を示す際に使う「ぜひどうぞ」や「もちろん」には、いくつかの定番表現があります。
フォーマルな順番で言うと、
By all means.（親切かつ礼儀のあるフレーズ）
> **Certainly.**（短く丁寧）> **Absolutely.**（一般的）> **Of course.** > **Sure.**（友だち同士）
の順になります。

状況に応じて
使い分けると
いいね！

ぜひどうぞ。	相手の質問にOKであると丁寧に伝えたい場合には、この表現。means は「手段」という意味なので、「あらゆる手段を使って（やります）」というのが直訳です。
承知しました。	ショップやホテルのスタッフが接客時によく使う、丁寧かつ短い言い方。certainly は、「確かに」や「必ず」を意味するので、「はい、確かに承りました」というニュアンスに。
必ずやります。	**2** より丁寧さが少し落ちるものの、ほぼ同じように使える言い回し。absolutely は「絶対に」という意味なので「絶対にやります」というニュアンスに。
もちろん。	前に **Yes,** を付けたり、後ろに **I do.**（やります）を付けたりと、前後にプラスした表現も使われます。相手の申し出に対して「どうぞどうぞ」と喜んで応じるニュアンスです。
ええ、どうぞ。	お礼の返事としても使われ、「どういたしまして」という意味にもなります。相手に対し、「承知しました」というニュアンス。

わからない、知らない

◀))062

A: She's upset with him because he showed up late.

彼が遅刻したから、
彼女は彼に腹を立てているんだ。

**B: What? I don't get it.
It wasn't even his fault.**

えっ、よくわからないな。
だって、彼のせいじゃないよね。

---

1 I don't get it.

everyone

---

2 I didn't catch that.

everyone

---

3 You've lost me.

everyone

---

4 That doesn't make sense.

everyone

---

5 That went over my head.

everyone

I don't understand. の代わりに使いたい

相手の言いたいことがわからなかったり、意図が
理解できないときに、I don't understand. の代
わりに使えるフレーズです。
ただし、英語が聞き取れなかったり、理解できな
いといった状況では使えないので、気をつけて。
ちなみに相手の言っていることを理解していると
言う場合は、肯定文の I get it. で表現できます。

意味がよくわからないな。	**Do you get it?**（わかりますか？）のように疑問文でもよく使われます。get it のフレーズは、「意味や意図を理解した／理解しない」ときに使うと覚えましょう。
よく聞き取れなかったよ。	相手の話が聞き取れない、英語として理解ができなかったときには、このフレーズがぴったり。catch は「つかまえる」という意味から、「ことばを聞き取る、理解する」のニュアンスがあります。
話についていけないよ。	直訳すると「あなたは私を失った」、つまり「あなたは会話の途中で私と言う聞き手を失った」という意味。話の内容が難しすぎたり、話の途中で前後の関係が理解できず、相手の話についていけない状況で使われます。
（話の）筋が通っていないよ。	「相槌」の make sense は、このように否定文でも使われます。相手の話が矛盾している、筋が通っていない、理屈がおかしいなど、話が通じない状況で使われる表現です。**That makes no sense.** と言うことも。
全く理解できない。	相手の言っていることはもちろん、勉強している内容があまりにも難しく理解できない状況でも使えます。アメリカでは、冗談を理解できなかった相手に対して言うことも。

世界中からいいね！をもらおう

ネイティブが使う #ハッシュタグ

インスタグラムで便利なハッシュタグ機能。ここでは、ネイティブがよく使うハッシュタグをご紹介。英語のハッシュタグを活用して、世界中の人に自分の投稿を見てもらいましょう！

#基本のハッシュタグ①

#instagood
どんな投稿にも使える万能な定番タグ。写真でも動画でもジャンルを問わず、「いいでしょ！」という投稿なら何でもOK！

#instadaily
instagram + daily で、日々の何気ない光景を投稿する際によく使われる。インスタを日記感覚で使っている場合などに◎。

#基本のハッシュタグ②

#potd/#photooftheday
「今日のベストショット」という意味で使われることが多いタグ。「今日」の特別さをアピールしたいときにオススメ。

#selfie
自撮り写真を投稿するときの定番タグ。#selfiesunday（#ss）＝「日曜日は自撮りをアップしよう」というタグも海外では人気。

#いいね！が欲しいとき

#likeforlike/#l4l

like =いいね！の意味で、「いいね！するからいいね！してね」という タグ。とにかくいいね！が欲しいときに使える。

#tagsforlikes

こちらもいいね！が欲しいときに使えるタグ。 #likeforlike や #l4l と一緒に使われることが多い。

#フォロワーを増やしたいとき

#followforfollow/#f4f

「フォローするからフォローしてね」という意味で使われるタグ。 とにかくフォロワーを増やしたいときに使える。

#followme

「私をフォローして」という意味のタグ。 #followforfollow や #f4f と一緒に使われることが多い。

#お気に入りの1枚に

#nofilter

写真にフィルター加工をしていないことをアピールするタグ。人物や風景など、「加工なしでこんなにきれい！」と言いたいときに。

#lol

lol = laugh out loud（大爆笑）の意味の略語。面白い写真や動画など、ネタ的な投稿をする際によく使われるタグ。

#気持ちを伝えたいとき①

#happy

説明不要の定番ハッシュタグ。とにかくハッピーな気持ちのとき
に。#happydayや#happyhourなどアレンジもいろいろ。

#xoxo

xoxo = hugs and kisses という意味。家族や恋人、友人など、
親しい人との写真を投稿する際に使われる、愛情表現のタグ。

#気持ちを伝えたいとき②

#mood

mood は「気分」という意味。無気力なときなどに、「やる気が
出ない」「だるい」と、ややネガティブな表現として使われる。

#sorrynotsorry

「悪いけど、謝る気はないよ」という意味のタグ。自身の投稿に対
して、「どう思われても気にしない！」と言いたいときに。

#おしゃれさんと繋がりたいとき①

#instafashion

instagram + fashion で、ファッション系の投稿の際に使える万
能タグ。コーディネートやお気に入りのアイテムまで、何でもOK。

#outfit

outfit =「服装」という意味。#instafashion と同じく、コーディ
ネートや購入したアイテムなど、ファッション系の投稿で人気。

#おしゃれさんと繋がりたいとき②

#ootd
ootd = outfit of the day の略で、「今日のコーディネート」という意味。その日のコーディネートを投稿する際に使えるタグ。

#ootn
ootn = outfit of the night の略で、「今夜のコーディネート」の意味。昼間は #ootd、夜は #ootn と、使い分けてもOK。

#おいしそうな食べ物と①

#instafood
instagram + food で、食に関する投稿をする際の万能タグ。お店で出た料理でも自分で作った料理でも、何でもOK。

#foodporn
日本語でいう「飯テロ」に近い表現。空腹を刺激するような写真と一緒に投稿する。お店の料理の写真に付けられることが多い。

#おいしそうな食べ物と②

#foodie
「食べることが大好き！」という、グルメや食通を表すタグ。また、同名の加工アプリを使った写真の投稿でもよく使われる。

#yummy
yummy は「おいしい」という意味のタグ。 yummy は子どもが使う英語表現のため、かわいい料理の投稿などでよく見られる。

#その他のハッシュタグ

#igers

igers とはインスタグラマーのこと。日本のインスタグラマーであれば、#igers の後ろに jp を付けて、#igersjp に。

#tbt

tbt は Throwback Thursday の略で「木曜日に懐かしい写真を投稿しよう！」という意味のタグ。こうした曜日ごとのタグも多い。

#yolo

yolo は You only live once. の略で、「人生は一度きり」という意味。人生を謳歌しているようなポジティブな投稿でよく見られる。

#qotd

qotd＝Quote of the day の略で、「今日の言葉」という意味。quote ＝引用なので、偉人の名言などを引用して投稿する際に使う。

#swag

「ヤバい」「イケてる」という意味でよく使われるタグ。cool などと似たような意味を持ち、主に若者に人気。

#tgif

tgif＝Thank God it's Friday は、日本でいう「花金」と同じニュアンス。休日前の金曜日を喜ぶ投稿に使われる。

ハッシュタグを活用して、世界中と繋がりましょう！

CHAPTER4

愛を語る

love や date など、日本語として使われている単語は少なくありませんが、
ニュアンスが異なる場合も多々あります。
誤解を招かないよう、正しい使い方をマスターしましょう。

付き合ってくれますか？
Would you go out with me?
p.154

付き合っている人はいますか？
Are you seeing anyone?
p.154

ぜひ！
Yes, I'd love to.
p.156

彼女に惹かれるなぁ。
I'm attracted to her.
p.158

君に夢中なんだ。
I'm crazy about you.
p.160

彼に興味ある？
Are you interested in him?
p.158

あなたに会えなくて寂しい。
I miss you.
p.162

死ぬほど会いたい。
I'm dying to see you.
p.162

彼女のことが気になる。
I've got a thing for her.
p.160

彼女は来年結婚式を挙げます。
She's walking down the aisle next year.
p.168

付き合ってどのくらいになるの？
How long have you been together?
p.164

告白する、デートに誘う

🔊 063

A : John asked me out to dinner last night!

昨夜、ジョンに夕食に誘われたの！

B : What did you say?

なんて返事したの？

| 1 | You should ask her out on a date. |
everyone |
| 2 | I want to be more than just your friend. |
everyone |
| 3 | Would you go out with me? |
young |
| 4 | Are you seeing anyone? |
everyone |
| 5 | I asked her out. |
everyone |

「告白する」は、ask someone out

ask someone out で、恋愛において「告白する」ことを意味します。この後ろに movie（映画）や dinner（夕食）を入れると、告白して同時にデートに誘う、つまり「映画に誘う」「夕食に誘う」ことになります。

このフレーズには「デート」のニュアンスがあるため、友だち感覚で誘う場合は out を入れずに ask 一語だけか、invite を使うのが◎。

ちなみに交際を断る場合は、
I'm sorry.
I'm not interested.
（ごめん。興味ないや）
などと言います
（p.156 も参照）!

彼女をデートに誘ったら？	「～をデートに誘う」は ask someone out on a date と言います。ask out のニュアンスは「好きだ」と告白するというより、「彼氏／彼女になってくれるか聞く」となります。
ただの友だち以上（の関係）になりたいんだ。	日本語でも「友だち以上になる」と言いますが、これはまさにそのフレーズです。
付き合ってくれますか？	第三者に対しても使う表現で、Jeff and Wendy are going out.（ジェフとウェンディは付き合ってるんだ）などと言います。out は「外へ」を表し、「一緒に外に行く」から、「付き合う」というニュアンスになります。
付き合っている人はいますか？	いきなり告白するのはちょっと……という場合、このように相手に特定の人がいるかを聞きますね。see には「付き合う」という意味もあるのです。
彼女に告白しました。	I asked her out. で「彼女に告白をした」の意味。I asked her out on a date. は、①のように、「デートに誘う」になるので使い方には気を付けましょう。

告白の返事

A：Would you go out with me?

付き合ってくれますか？

B：Yes, I'd love to.

ぜひ！

| 1 | Yes, I'd love to. | everyone |

| 2 | Of course I will! | everyone |

| 3 | Sure, but only if you are serious. | everyone |

| 4 | I'm not ready for it. | everyone |

| 5 | I'm sorry, I'm seeing someone else. | everyone |

告白に対する答え方は映画で学ぶ

付き合いたいと言われたとき、なんと答えたらよいのでしょう。映画を見るときにも、こういう特定の場面に注意していると、「あ、こう言うのか」「ちょっとおしゃれなフレーズだなぁ」「自分のときはこう言おう！」というのがわかったりするので、「いいな」と思った表現を集めておきましょう。
恋人とともに英語力がアップすれば、一石二鳥ですね。

ぜひ！	**I'd love to.** は「喜んで」を意味する表現で、一般的に誘われたときに使われますが、付き合いたいと言われたときの答えとしても◎。シンプルに **Yes!** の一言だけでも十分です。
もちろん！	日本人には馴染みのある **Of course.** を使って答えても。この **will** は意志を示し、**I will（go with you）.** と、「私はそうするわ！（あなたと付き合うわ）」の **go** 以下を省略した言い方です。
あなたが真剣ならいいわ。	カジュアルながら、相手の真剣さを推し量っている感じもあり、「とりあえず付き合ってみる」というニュアンスを含む、無難な返事になります。
まだ心の準備ができていません。	嫌いではないけど、付き合うつもりもないと断るときの定番フレーズ。**ready for〜**は「〜の準備ができている」という意味で、日常会話からビジネスまで幅広く使える表現。
ごめんなさい、ほかに付き合っている人がいるの。	**see someone else** は「誰かと付き合っている」を意味します。そこから、**I'm seeing someone else.** の一言でお付き合いの断りを表します。

気になる

A: You like Luna, don't you?

ルナのことが好きなんだろ？

**B: Yeah, I really like her.
She's just fun to be around.**

うん、彼女のこと好きだよ。
一緒にいて楽しいんだ。

---

1 He seems like he really likes her.

everyone

---

2 Are you interested in him?

everyone

---

3 I'm attracted to her.

everyone

---

4 I have a crush on Mason.

woman & young

---

5 I can't stop thinking about her.

everyone

「好き」はまずは like で表現する

付き合っているわけではないけれど、恋愛感情を伴った魅力を感じている人がいる場合、英語では、まずは定番の like を使います。これが最も一般的。

その他、いくつかフレーズを挙げますが、いずれも日本語訳と同じ感覚で使えるので、気軽に口にできるはずです。まずは口に出してみましょう！

彼、彼女が本当に好きみたいだね。	**He seems like he likes her.** でもいいのですが、恋愛感情のない「あの人いいね」という場合にも使うので、**really** を入れて強調するのがベスト。人に対して **like** を使うと「〜に好意をもっている」という意味に。
彼に興味ある？	**interested in** は、趣味や興味のあるものごとに対してだけでなく、恋愛対象として「〜を気に入っている」や「〜に興味がある」と言い表す際にもよく使われます。
彼女に惹かれるなぁ。	「彼女（自分が惹かれる対象）」を主語にする場合は、**She is attractive.**（彼女は魅力的だね）に。**attract** は「魅力で惹きつける」という意味なので、受動態を使うと「自分が〜に惹かれている」という意味となります。
メイソンのことが気になるのよね。	**crush** はもともと「つぶす」「つぶれる」という意味ですが、〈**have a crush on** ＋人〉で「〜に熱をあげている」というイディオムに。どちらかと言うと高校生や大学生など若者が口にする言い回しです。
彼女のことが頭から離れない。	**I can't stop thinking about〜.** は、「〜が気になって仕方ない」を意味し、常に誰かのことを考えているときに使います。

好き、愛してる

A：Did you know that Noah is crazy about Sophia?

ノアはソフィアに夢中だってこと知ってた？

B：Of course. He talks about her all day.

もちろん。1日中彼女のことを話してるよね。

---

1 I'm crazy about you.

everyone

---

2 Are you into Lisa?

everyone

---

3 I have feelings for her.

everyone

---

4 I've got a thing for her.

everyone

---

5 I love you.

everyone

「愛してる！」は I love you. 以外にも多くある

「好きなんだ！」というニュアンスの言葉について、I love you. はもちろん「愛してる」という意味で、安定した恋人同士や夫婦間でよく使います。crazy は「頭が狂っている」という意味で、頭がおかしくなるほど大好きだというのが直訳。やや大げさですが、英語は大げさなくらいに表現する傾向があるため、こういう言い方もよくあります。

君に夢中なんだ。	人以外にも、本当に大好きな食べ物、スポーツ、できごとなどに使えます。love と同じ使い方と覚えましょう。
リサのこと好きなの？	**1** と同じく、スポーツや音楽、趣味、食べ物などのものごとに対しても使われます。What are you into? というと「何に興味をもっていますか？」と趣味をたずねる表現に。
彼女に特別な感情を抱いているよ。	have feelings for は「恋愛感情」を表し、まだ「好き」とまでは言わないが、相手に対して特別な感情を抱いているときに使われる表現です。
彼女のことが気になる。	a thing for someone は、「誰かのことを気に入っている／気になる」を意味します。「ちょっと好きかも」というようなフィーリングを指します。
愛しているよ。	I love you. は日本語の「愛している」ほど重くはなく、恋人同士がある程度深い関係になったら日々互いに交わす言葉です。しかし、I love you.＝深い関係ではあるので、軽々しく口にしないようにしましょう。

寂しい、会いたい

A: How are you doing?

元気にしているかい？

B: I miss you.

I wish you were here.

あなたに会えなくて寂しい。
ここにいてくれたらいいのに。

---

1 I miss you.

everyone

---

2 I'm going to miss you.

everyone

---

3 I'm dying to see you.

everyone

---

4 I can't wait to see you.

everyone

---

5 I wish you were here with me right now.

everyone

遠く離れた恋人や家族にいう一言

I miss you. には、恋人や家族、友人など自分に
とって大切な人が遠く離れて自分のそばにいない
ときに使われ、「あなたがいなくて寂しいから会い
たい」や「あなたのことを考えて（想って）いるよ」
といったニュアンスが込められています。
異性に対して言う場合は注意が必要です。親友
など親しい関係であれば問題はありませんが、元
カレ／元カノなど過去に恋愛関係があった相手に
対して I miss you. と言うと、誤解を招く恐れも。

あなたに会えなくて 寂しい。	友だちに対して言う場合は、「寂しい」という より「会いたい」や「あなたがここにいたら もっと楽しいのに」などカジュアルなニュア ンスで使われます。同性間で使ってもOK。
寂しくなるね。	別れの挨拶をするときの決まり文句。I'm going to miss you. または、I will miss you. のように、未来系で表現します。友だ ちや同僚に対して「寂しくなるな〜」といった、 若干カジュアルなニュアンスになります。
死ぬほど会いたい。	I'm dying to〜. は、「〜したくてたまら ない」という意味。I really want to see you. をより強調した言い方です。
あなたに会えるのを 楽しみにしてるよ	I can't wait to〜. は、「〜を楽しみにし ている」を意味する表現。「あなたにまた会 えるのを楽しみにしているよ」は、I can't wait to see you again. です。
君が今、僕のそばにいて くれたらいいのにな。	I wish you were〜. は、「あなたが〜だっ たらいいのにな」を表し、「あなたに会いた い」を間接的に表す言い方として使えます。

付き合う

A: How long have you been dating him?

彼とはどれくらい付き合っているの？

B: We've been dating for a month.

付き合って1か月かな。

---

1 They started dating 3 months ago.

everyone

---

2 I went on a date with Mia last night.

everyone

---

3 I'm looking for a serious relationship.

everyone

---

4 How long have you been together?

everyone

---

5 Are you guys official?

everyone

date は、日本語の「デート」と異なる

真剣な気持ちで「デートしている」と言いたい場合は、go on a date と、date を名詞で使います。日本語にもなっているデート（date）は、英語では動詞または名詞として使われますが、動詞で使うと、付き合い始めてまだ間もなかったり、遊び半分で付き合っている関係など、とても軽い感じの表現になるので注意が必要です。

あいつら 3 か月前に 付き合い始めたんだ。	**Are you dating him?**（彼と付き合ってるの？）と疑問文でもよく使います。**casually dating** というと、「（特定な相手と決めていない）気軽なお付き合い」という意味に。ネガティブなニュアンスは、ほぼありません。
昨晩、ミアとデート したんだ！	**go on a date with〜** で「〜とデートする」ですが、**on a date** を省略して **go with〜** と言うと、単に「〜と一緒に行く」というだけの意味にも。会話の流れで判断しましょう。
真面目な（恋愛）関係を 求めています。	**look for** は「求める」という意味で、結婚前提の真面目なお付き合いや、長期間の交際を表現する際によく使われるフレーズ。**serious** には「真剣な」のほか、「重大な」という意味もあります。
付き合ってどのくらいに なるの？	**together** は単に「一緒にいる」だけでなく、「付き合い」や「交際」を一言で表す場合にもよく用いられます。
あなたたちは（正式に） 付き合っているの？	**official** は「正式に付き合うこと」を表します。デートをしたり恋人同士のような関係でいる期間が終わり、正式に彼氏・彼女になることを意味します。**guys** は性別に関係なく、複数の人を指すときに使われます。

恋人、妻、夫

A: Is your significant other joining us for dinner tonight?

今夜の食事は奥さんも
ご一緒されるんですか？

B: Unfortunately,
she can't make it tonight.

残念ながら、彼女は今夜は来られないんだ。

| 1 | Where is your significant other? | | everyone |

| 2 | I'd like you to meet my better half, Sophia. | | everyone |

| 3 | Lisa is my girlfriend. | | everyone |

| 4 | Good morning, honey. | | everyone |

| 5 | That's my wifey. | | everyone |

「大切な人」は、significant other で表す

「大切な人」という意味である significant other は、家族や親友ではなく、恋愛関係における大切な人、つまり結婚をしていない場合は彼氏や彼女などの「恋人」、夫婦関係の場合は夫や妻など「配偶者」を意味します。パーティの案内や結婚式の招待状などによく用いられる表現ですが、日常会話で使っても問題ありません。

君の彼女はどこにいるの？	significant other の前には、your、my など代名詞の所有格を入れます。significant は「重要な」という意味です。
私の妻のソフィアを紹介します。	better half は恋人や配偶者を指しますが、一般的には男性が自分の彼女や妻を表すことが多いです。直訳すると「よりよい半分」、つまり自分の半身であるという意味に。前に my を付けることに注意しましょう。
リサは僕の彼女です。	彼氏、彼女という場合の定番は boyfriend、girlfriend です。老若男女、誰に使っても誤解をされることはありません。
おはよう、ハニー。	honey は恋人や配偶者など愛する人の呼び方。その他、darling もありますが、どちらかというと、年配の人が使うイメージ。恋人同士、特に若いカップルは互いを baby と呼ぶことが多いです。
あれが僕の妻さ。	「妻」の意味である wife から来た言い方。特に新婚のカップルの場合、奥さんをこう呼ぶ男性はかなり多いです。妻が夫のことを hubby ということもありますが、wifey の方がずっと多く使われます。

結婚する

A : We're tying the knot. *tying = tie の現在分詞

私たちは結婚するの。

B : Congratulations!
When is the wedding?

おめでとう！　結婚式はいつ？

---

1 John and Stacey are tying the knot.

everyone

---

2 Tim got hitched to Megan!

 everyone

---

3 Traci is off the market.

*market = 市場

 everyone

---

4 My (older) brother is getting married this month.

 everyone

---

5 She's walking down the aisle next year.

 everyone

ひもで結び目を作ることから「結婚する」の意味に

tie the knot は直訳すると「（2本のひもで）結び目を作る」という意味。カップルが2本のひものように結ばれることから「結婚する」を意味します。「結婚する」という言い方は、日本語でも「結ばれる」「嫁に行く」など、いくつかの表現がありますが、英語でもお馴染みの **marry**（動詞）以外にも複数あります。ここでは、ネイティブが普段の会話で使うナチュラルなフレーズを紹介します。

日本語の感覚でイメージできる言い回しも多いですよ！

ジョンとステイシーは結婚するのよ。	日常会話では非常に頻繁に使われ、日本語の「縁結び」と似た表現です。
ティムはメーガンと結婚しました！	「誰と」に **with** ではなく **to** を使うことに注目。**hitch** は「つなぐ」という意味なので、そこから「結婚する」という表現に。
トレイシーは人妻になるんだ。	この表現を直訳すると、「（商品が）市場からなくなる」ですから、（彼女が）独身の状況ではなくなることを表現しています。一般的には女性に対して使われ、日本語の「嫁に行く」や「嫁ぐ」に近い表現です。
今月、兄が結婚します。	**get married** はご存じの方も多いでしょう。「結婚している」は **be married**、「結婚する」は **get married** と言います。**marry** 一語でも「結婚する」を意味します。
彼女は来年結婚式を挙げます。	**aisle** の s は発音せず、「アイル」と言います。**aisle** は「通路」という意味で、教会の通路、すなわちウエディングロードを歩くということで「結婚する」を表します。

失恋、別れる、離婚

◀))) 071

A: **Matt broke up with his girlfriend yesterday.**

マットは昨日彼女と別れたんだって。

B: **Really? They were only together for 1 month.**

本当？ 1か月しか付き合ってないのに。

---

1 I decided to break up with my girlfriend.

everyone

---

2 We should end it.

everyone

---

3 I heard Peter dumped her.

everyone

---

4 We split up yesterday.

everyone

---

5 My parents got divorced.

everyone

ちょっと残念な別れの表現

カップルが別れることは、**break up** と表します。
ここでは、恋愛が上手くいかず失恋したり、別れ
たり、離婚したりする、ちょっと残念な表現を集
めてみました。
ちなみに、一度別れた後にまた付き合い始めるこ
とを **They got back together.**（あいつら、より
を戻したぜ）と言います。**get back** は「戻る」で
すから、**together** をつけて「戻って一緒になる」
という意味となります。

彼女と別れるって決めたんだ。	**break up** は「壊す」「ばらばらにする」「終わらせる」という意味。カップルの別れ以外に、音楽のバンドやグループが解散するときにも使われます。
私たち、終わりにしましょう。	シンプルに「別れる」を表すフレーズがこれ。この **end** は動詞で「終わらせる」という意味です。2人の関係を終わらせるということから、「別れる」となります。
ピーターは彼女を振ったらしいよ。	**dump someone** で「誰かを振る」という意味です。**dump** は「荷物をどさっと下ろす」という意味があり、「彼は彼女という荷物を下ろした」が直訳。そこから「彼女を振った」という意味に。
昨日、僕たちは別れたんだ。	**split** 一語でも「別れる」という意味がありますが、**up** をつけると「恋人と別れる」という意味がはっきりと出てきます。
私の両親は離婚しました。	「離婚する」は、動詞でも名詞でもある **divorce** を使い、**get divorced** または **get a divorce** と言います。「結婚する」にはいろいろな言い方がありますが、「離婚する」は、ほぼ **divorce** を使います。

Love の使い分けを知ろう！
親愛と恋愛の"Love"

"Love" はネイティブがよく使う愛情表現の言葉ですが、家族や友だちへの "Love" と、恋人への "Love" は、ややニュアンスが異なります。ここでは、親愛と恋愛の "Love" の使い分けをご紹介します。

〔親愛の Love〕 　家族や友だちにもOK！

I love you.

恋人や家族、仲のよい友だちなど、親密な関係の人に対して「親愛の情」を示す感情表現です。恋人へは「愛してる」、家族や友だちへは「あなたは私にとって、とても大切な人」という意味となり、相手によりニュアンスが変わります。同性、異性関係なく、I love you. を使うのはごく一般的です。

> **Point** 初対面の人に I love you. を使うのは微妙。長い付き合いで、親密な関係の人に使いましょう。

〔恋愛の Love〕 　恋人だけに！

I'm in love with you.

恋人に対してのみ使われる「恋愛」の愛情表現です。「あなたに恋をしている」と、想いを寄せる相手に告白する際によく使われ、"恋の初期段階" を表します。なお、長い付き合いの恋人や夫婦間では I'm in love with you. ではなく I love you. を使います。

> **Point** 友だちや家族に対して使うと不思議に思われるので、気をつけて！

皆さんも大切な人に "Love" を伝えましょう！

CHAPTER5

アテンドする

外国人に道を尋ねられたとき、あがってしまい、うまく案内できなかった経験がある人は少なくないはず。よく使うフレーズは限定されているので、何度も口にして覚えてしまうと、いざというとき役立ちます！

あの角を右に曲がります。
Make a right on that corner.
p.174

コンビニを通りこします。
Go past the convenience store.
p.174

通りすぎましたよ。
You passed it.
p.174

この信号をすぎたら左側にあります。
Go past this light and it'll be on your left.
p.176

浅草通りにあります。
It's on Asakusa Street.
p.176

銀行の前にあります。
It's in front of the bank.
p.176

準備はいい？はい、チーズ！
Are you ready? Say cheese!
p.178

もう1枚撮りましょうか？
Would you like another one?
p.178

どうしたの？
What's the matter?
p.180

何かお手伝いできることはありますか？
Can I help you with anything?
p.180

医師の手当が必要ですか？
Do you need medical attention?
p.182

A：Excuse me. Is there an ABC Store around here?

すみません、
この辺にABCストアはありますか？

**B：Go down this street
and it'll be on your right.**

この道をまっすぐ進んだら
右側にあります。

1	Go down this street until you get to ABC Boulevard.	everyone
2	Go up this hill.	everyone
3	Make a right on that corner.	everyone
4	Go past the convenience store.	everyone
5	You passed it.	everyone

go down の down は「道に沿って」の意味

go down は「下がる」や「下る」を意味します が、道案内では「道に沿って、話し手から離れて いく」と言う意味になることもあります。「〜ま で」と付け足したいときは、go down の後に until〜 と続けましょう。
なお、street が道の両側に建物のある公道を呼ぶ のに対し、road は車が通るもっと広い道を指す 語で、2 つの地点を結ぶ「道」は全て road です。

ABC通りまでこの道を まっすぐ進みます。	「まっすぐ」は straight ですから、Go straight〜. と言いたくなりますが、道案内には Go down〜. を使うのが自然です。
この坂を上ります。	上り坂の場合には up を使います。日本人の感覚からも、イメージしやすいはず。ちなみに「この坂を下ります」は、Go down this hill. に。
あの角を右に曲がります。	道案内の「曲がる」は、turn よりも make のほうがナチュラル。「左に曲がる」は make a left となります。この表現を使うときは、make の後ろに a を入れることを忘れずに。
コンビニを通りこします。	道案内をするときに、「○○を通りこして」と表現するフレーズです。目的地は「コンビニをすぎたところにあります」と言いたい場合は、It's past the convenience store. と表します。
通りすぎましたよ。	「行きすぎです」という意味。4の go past の past と passed は同じ発音ですが、異なる単語で綴りも違います。past は「通りこして」という副詞、pass (ed) は「通りすぎる」という動詞です。

道案内②

A : Excuse me. Where is the bus station?

すみません、バス停はどこですか？

B : Go past this light and it'll be on your left.

この信号をすぎたら左側にあります。

---

1 Go past this light and it'll be on your left.

everyone

---

2 It's on Asakusa Street.

everyone

---

3 It's across from ABC Café.

everyone

---

4 It's in front of the bank.

everyone

---

5 It's on the corner of ABC Department Store and B Building.

everyone

道案内に使うフレーズはほぼ決まっている

道案内に使うフレーズはだいたい決まっているので、それにプラスして on、next、from といった基本の前置詞と、右・左、具体的な固有名詞を組み合わせれば難しくありません。

なお、知らない場所で道を尋ねられた場合は、I don't know.（わかりません）よりも、I'm not from around here.（この辺りの者ではないのです）、つまり「この辺りの者ではないのでわかりません」という意味のフレーズで答えるほうが親切です。

この信号をすぎたら左側にあります。	it'll be は it is の未来表現で it will be を省略した形。「（～すれば）そこにあるでしょう」という意味です。右、左に付く前置詞は on であることも覚えておきましょう。
浅草通りにあります。	目的地が「○○通りにあります」と言う場合は on を使います。「道の上」だから on と覚えるとよいでしょう。「～の隣にあります」と言う場合は It's next to～. に。
ABCカフェの向かいにあります。	「真向かい」ならば、just across from に。across は「道を横切って」、from は「から」なので、「ABCカフェから道を横切ったところにあります」というのが直訳です。
銀行の前にあります。	in front of は場所を表す定番表現。「銀行の後ろにあります」なら、It's behind the bank. に。
ABCデパートとBビルディングの角にあります。	corner に付く前置詞は on か at です。「AとBの間に」なら、It's between A and B. と言います。

写真を撮る

A:Would you like me to take your picture?

写真を撮りましょうか？

B:Thank you!

ありがとうございます！

1	Would you like me to take your picture?	everyone
2	Please squeeze in.	everyone
3	Are you ready? Say cheese!	everyone
4	Check the pictures to make sure they look good.	everyone
5	Would you like another one?	everyone

写真を撮ってあげるのも、おもてなし

観光地の近くにいると、よくポーズをとっている観光客がいますね。自撮りが浸透してきたとはいえ、これと思った構図を決めるのは、セルフでは難しいものです。スマホやカメラを構えている人がいたら、ぜひ「写真を撮りましょうか」申し出てあげましょう。

また、撮った写真を確認してもらう（**4**）、もう1枚撮りましょうかと申し出る（**5**）など、一歩進んだ「おもてなし」をすると、喜ばれます。

（あなたの）写真を撮りましょうか？	**Would you like me to〜?** は丁寧に申し出るときの定番の言い回しです。
もっと寄ってください。	数人以上を撮る場合の「もっと寄って〜」という言い方。「中央に寄って」ならば、**More over to the center.**、「少し左に寄って」なら **Move to the left a bit.** と言います。
準備はいい？はい、チーズ！	「撮りますよ」の一言。**Are you ready?** の後、**On the count of three : one, two, three!**（3つ数えたらね。1、2、3！）と続けることも。**Smile!**（笑って！）とシンプルに言うときもあります。
写真がちゃんと撮れているか、確認してください。	写真を撮った後に、相手に写真がしっかり撮れているかを確認して欲しいときに使える一言です。**they** は、**pictures**（写真）を差します。
もう1枚撮りましょうか？	**another one** は「同じものをもう一つ」という意味なので「別の写真を撮りましょうか」に。**4** で相手が「ちょっと……」という顔をしたら、このように言ってあげると◎。

声をかける

◀ 075

A : Are you OK? You don't look good.

大丈夫？　顔色が悪いけど。

B : I feel sick to my stomach.
I think I'm getting carsick.

吐き気がするんだ。車酔いかもしれない。

---

1 Are you OK?

everyone

---

2 What's the matter?

everyone

---

3 What happened to your hand?

everyone

---

4 I'll call the ambulance immediately.

everyone

---

5 Can I help you with anything?

everyone

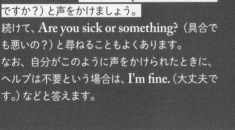

「大丈夫ですか？」は、Are you OK?

様子のおかしい人や、サポートが必要そうな人を
見かけたときは、まずは **Are you OK?**（大丈夫
ですか？）と声をかけましょう。
続けて、**Are you sick or something?**（具合で
も悪いの？）と尋ねることもよくあります。
なお、自分がこのように声をかけられたときに、
ヘルプは不要という場合は、**I'm fine.**（大丈夫で
す。）などと答えます。

大丈夫？	**Are you OK?** は、具合が悪そうにしている人に対してはもちろん、例えば自然災害などに遭って大変な思いをしている相手に「大丈夫ですか？」と声をかけるときにも使えます。**Are you all right?** も同じ意味に。
どうしたの？	**matter** は「困ったこと、面倒なこと」を指すので、直訳は「何が困ったことですか？」に。この後に **with you** を付けて、**What's the matter with you?** と言うこともよくあります。
手をどうかしたの？	**What happened?** は **2** と同じく、「何があったの？（どうしたの？）」という意味で幅広く使えるフレーズ。ここでは、**to** を使って具体的に尋ねていますが、**What happened?** だけでもOK。
すぐ救急車を呼びます。	**1** や **2** の後、明らかに緊急と判断したらこう言います。**immediately** は「少しの遅れもためらいもなくすぐに」という意味。「救急車を呼びましょうか？」と尋ねるときは、**Can I call an ambulance?** に。
何かお手伝いできることはありますか？	職場などで、忙しそうな人に手伝いを申し出るときの定番フレーズ。**Is there anything I can do?** という言い方も頻繁に使います。

トラブルのとき

◀)) 076

A : I got my purse stolen!

財布を盗まれた！

B : Should I call the police?

警察を呼びましょうか？

---

1 Should I call the police?

everyone

---

2 Do you need medical attention?

everyone

---

3 I called the police, so they should be here in no time.

* in no time ＝ すぐに

everyone

---

4 You need to contact the Embassy of your country.

everyone

---

5 Do you want me to go to a pharmacy with you?

everyone

トラブルに遭遇している人を見たときの一言

物を落としたり、盗難に遭ったりしている人を見たら、このように申し出ます。
〈 got+ 物 +stolen 〉で「〜を盗まれた」という表現も覚えておきましょう。自分が何かを盗まれたときにも使えます。また、「財布を盗まれた」は、**My purse got stolen.** と表現してもOK。

警察を呼びましょうか？	**Should I call〜?** は「〜しましょうか？」と声をかける定番表現。**police** には **the** を付けることも覚えておきましょう。
医師の手当が必要ですか？	病院に行く、薬を買いに行く、救急車を呼ぶなど、全てこの一言で表せます。**attention** はもともと「注意」という意味ですが、「手当」も表します。
警察に電話したので、すぐ来るはずです。	事件や事故に遭遇し困っている人がいたら、警察に通報し、こう言って安心させてあげましょう。
あなたの国の大使館に連絡する必要があります。	パスポートをなくしたときは、大使館に連絡するのが原則。どこかに「連絡する」と言うときは **contact** を使う、と覚えておくとほぼ間違いありません。
薬局まで一緒に行きましょうか？	**pharmacy** は「薬局」ですが、米国の **drugstore**(ドラッグストア)は、薬品やシャンプー、化粧品のほか、文具や雑誌、書籍も販売されていたり、簡単な食事ができたりする場所です。

ネイティブに通じない！
勘違い
カタカナ英語 vol.1

vol.1

日頃、何気なく英語だと思って使っていたカタカナ英語。実はそれ、ネイティブには通じないかもしれません！　vol.1では、物に関する勘違いカタカナ英語を3つご紹介します。

【コンセント】⇨ outlet

コンセントはカタカナ英語。ネイティブには通じません。正しくは outlet と言います。英語でコンセント＝consentというと、「了解する、同意する」という意味になり、全く違う言葉になるので気を付けましょう。

ちなみにイギリスでは socket という表現が一般的です。

【トイレ】⇨ restroom / bathroom

英語ではトイレ＝toilet（便器）という意味に。where is the toilet? は、「便器はどこですか？」という妙な質問になってしまうので注意しましょう。一般的には、bathroom がカジュアルな表現、restroom が丁寧な表現になります。

restroom

【ノートパソコン】⇨ laptop

日本語のパソコンは personal computer を省略した言葉ですので、ノートパソコンも、もちろんネイティブには通じません。英語では laptop と言います。ひざの上に乗せて使える小型のコンピューターの意味です。

机の上に置く大型のパソコンは、日本語と同じく desktop computer です。

CHAPTER6

覚えておくと何かと使える

「さあ、始めましょう！」「ぶっちゃけ」「任せるよ」など、
覚えておくと、ちょっとした会話の中で思いのほか役立ちます。
使用頻度の高そうなものから、覚えてしまいましょう。

彼には
見覚えがある。
He looks familiar.
p.186

始めましょう。
Let's get the ball rolling.
p.188

ぶっちゃけ、
I'm not going to lie,
p.190

任せるよ。
I'll let you decide.
p.192

頼りに
しているよ。
I'm counting on you.
p.196

やって
しまいました。
I screwed up.
p.198

君には
借りがあるよ。
I owe you big time.
p.206

おごるよ。
I'll get it.
p.208

内緒に
しておいてね。
Make sure you keep it
under wraps.
p.214

デザートは
別腹だよ！
There's always room
for dessert!
p.216

ベロベロの
状態です。
I'm wasted.
p.218

やせなきゃ。
I have to lose weight.
p.220

思い当たる

◀)) 077

A：Does Mr. Johnson ring a bell?

ジョンソンさんって聞き覚えある？

B：Mr. Johnson?
Our high school teacher?

高校のときのジョンソン先生のこと？

---

1 Does it ring a bell?

  everyone

---

2 His name sounds familiar.

  everyone

---

3 He looks familiar.

  everyone

---

4 Do you know anyone that can help?

  everyone

---

5 Nothing comes to mind.

  everyone

a を付けるのがポイントに

ring a bell は直訳すると「ベルが鳴る」です。そこから「(頭の中で)記憶を呼び起こす、思い出させる」ことを意味し、人や場所の名前を「聞き覚えがある」「見覚えがある」といったときに使われます。

ちなみに **ring the bell** だと文字通り「鈴を鳴らす」になってしまうので、必ず **a** を使うことに注意しましょう。

ring a bell は、イメージしやすい言い回しですね。

聞き覚えある？	文字通り「聞き覚えがある」のほか、「思い当たる」「思い出す」「ぴんとくる」というニュアンスもあります。
彼の名前は聞いたことがあるよ。	**sound** はCHAPTER1の **Sounds good.** (p.12) でもご紹介したように、「〜のように思える」と言うときに使える超定番の語。**familiar** は「以前見聞きしたことがあるので、すぐ認知できる」というニュアンスです。
彼には見覚えがある。	**2** の **sounds familiar** の「聞いたことがある」に対し、**looks familiar** にすると「見たことがある」になります。
手伝ってくれる人、誰か心当たりない？	**someone** が「誰か1人」を意味するのに対し、**anyone** は不特定多数の中の「誰でも」の意味に。**know** は「知っている」なので、直訳は「誰か知らない？」です。
何も思い付かないわ。	**come to mind** は「思い浮かぶ」を意味することから、「何も思い浮かばない」に。ちなみに「誰も思い付かない」は **Nobody comes to mind.** と言います。

始める

A：Are you ready ?

準備はできましたか？

B：Yup,
let's get the ball rolling.

ええ、さあ、始めましょう！

---

1 Let's get the ball rolling.

everyone

---

2 We need to get this off the ground.

everyone

---

3 Let's start with a light stretch.

everyone

---

4 He started his business from scratch.

everyone

---

5 I'll get right on it.

everyone

ボールが転がる＝ものごとがスタートする

get the ball rolling は直訳の「ボールを転がし始める」こと。そこから転じて「ものごとをスタートする、実行する」という意味になります。一般的には、「新しいプロジェクトや事業を始める」意味で使います。似た表現に、get ～ off the ground（～に取りかかる／**2**）があります。

始めましょう。	この表現には「ものごとを始めた後、（ボールが転がっていくように）途切れないように続ける」というニュアンスがあります。get の代わりに start を使っても同じ意味に。
これを始める必要があります。	get off the ground は、飛行機などが離陸するイメージから「開始」の意味に。新しいサービスや事業を開始する意味合いの「始める」には、「ロケットを打ち上げる」がもとの意味である launch もよく使います。
軽いストレッチから始めよう。	start with は「～で始める」の一番シンプルな表現です。light は形容詞だけでも「薄い」「明るい」「軽い」「弱い」とさまざまな意味があることに注意しましょう。
彼はビジネスをゼロから始めた。	ここでの business は「商売、ビジネス」の意味で使われています。scratch は「ひっかく」のほか「スタートライン」も意味し、直訳だと「スタートラインから」になります。
すぐに取りかかります。	get on it は「取りかかる」、right は「すぐに」を意味することから、指示されたことや要求されたことに対し「すぐに取りかかります」と、即座に行動する場面でネイティブがよく使う表現です。

はっきりさせる

◀)) 079

A : I know there are some rumors going around so let me set the record straight.

噂が広まっているから白黒つけたいんだよ！

B : Sure. So what's going on?

もちろん。で、何があったの？

1	Please let me set the record straight.		everyone
2	I call a spade a spade.		everyone
3	Let me make it clear.		everyone
4	If you can't go, just tell me straight out.		everyone
5	I'm not going to lie,		everyone

白黒はっきりつけたいときのフレーズはこれ

set the record straight は、誤解や噂話をはっきりさせる、白黒つけたいといった状況でよく使われるビジネスフレーズで、get the record straight とも言います。日常会話で使う clarify something、make something clear（**3**）と合わせて覚えておきましょう。
let me の代わりに、I want to で表現することもできます。

白黒つけさせてください。	「記録をまっすぐにする」が直訳。つまり「きちんと明確にする」という意味になります。また、「誤解」は misunderstanding で表現することもできます。
私は歯に衣着せずにものを言うタイプなの。	spade はトランプのスペードマークではなく農具の鋤（すき）を指し、call a spade a spade を直訳すると「鋤を鋤と呼ぶ」に。
明確にしておこう。	make it clear は日常会話でよく使われます。動詞一語で clarify としても同じ意味ですが、ビジネス寄りの表現になります。
行けないなら、はっきり言って。	straight out は「はっきりとものごとを伝える」といったニュアンスがあります。out の代わりに up を使っても同じ意味に。また、If の代わりに when を使って説明することもできます。
はっきり言うとね、／ぶっちゃけ、	直訳では「嘘をつかないよ」ですが、「ぶっちゃけ（て言うと）」「実はさ」といったニュアンスに近いです。

何でもいい

A：What do you feel like eating tonight?

今夜は何を食べたい気分？

B：I could go for anything.
How about seafood?

何でもいいよ。シーフードはどう？

---

1 I could go for anything.

everyone

---

2 It doesn't matter.

everyone

---

3 Anything will do.

everyone

---

4 It's up to you.

everyone

---

5 I'll let you decide.

everyone

「何でもいい」は、anything を使う

I could go for〜 は、食べ物や飲み物が欲しいときに使われます。「〜が食べたいな」「〜が飲みたいな」を意味し、could を使うことで、I want よりやや遠回しな表現になります。
I could go for anything. で「何でもいい」という意味になりますが、このとき、something ではなく、anything を使うことがポイント。

somethingは具体的なイメージがあるときに使う語です。

何でもいいよ。	食べたい料理などがあるときは、I could go for Korean food.（韓国料理が食べたいな）などのように、for の後に具体的な名詞を入れます。
どれでもかまわないわ。	動詞の matter は「重要である、大きな違いになる」の意味で、どのような状況でも使えます。直訳すると「違いがない」に。
なんだっていいからさ。	do は動詞で、ここでは「間に合う、用が足りる」の意味に。
あなた次第です。	up to you は、相手に決定をゆだねるときのフレーズ。「あなた次第で（話し手が）決める」ときは、depend on を使って It depend on you. で表現します。
任せるよ。	4 と同じく、相手に決定権があることを伝える表現。「あなたが決めていいよ」が直訳で、そこから「君に任せる」という意味が生じます。

要するに

A : To make a long story short,
I need to borrow some money.

早い話が、お金を貸して欲しいんだ。

B : What kind of trouble
did you get into this time?

今回は、どんなトラブルに巻き込まれたの？

1 To make a long story short,
I got fired.

 everyone

2 In a nutshell, to become a
better English speaker,
you have to speak.

everyone

3 The point is you have to
eat healthy.

  everyone

4 The bottom line is we
have to cut down on our
expenses.

  everyone

5 In other words, our offer
was turned down.

  everyone

「要はさ」など、要点を伝えたいときの言い方

to make a long story short, の直訳は「長い話を短くする」です。要点や結論を伝えたい場合はこのフレーズを最初にもっていきましょう。

ちなみに、**Long story short.** と略すことも一般的。会話だけでなく、Eメールのような文章にも使えます。同じ意味には、**in a nutshell**（ひと言で言うと／**2**）があります。

早い話が、 クビになったんだよ。	**fire** は口語で「（従業員などを）解雇する、クビにする」の意味。「お前はクビだ！」は、**You're fired!** と言います。
ひと言で言うと、英語を話せるようになるには、話すしかないんです。	**nutshell** は「くるみなどの殻のようにごく小さなもの」という意味。そこから「ひと言」のニュアンスになります。
要するに、健康的な食事をとる必要があるということだね。	長く説明をした後などに要点を示したい場合は、**the point is** を使いましょう。日本語の「ポイントはね」という、そのままのイメージで使えます。
結論を言えば、経費を削減しないといけません。	**the bottom line** は、最終的な損益が記入された企業会計表の最下行を指し、日常会話では「最終的な結論は〜」を表します。ビジネスの場でよく耳にする表現ですが、通常の日常会話でも使われます。
つまり、我々の申し出は拒否されたんだ。	**in other words** は「他の言葉においては」が直訳で、「つまり」という意味。**turn down**（拒否する）は、「（TVなどの）音を小さくする」という意味もあります。

頼りにする

A: I'm counting on you.

頼りにしてますよ。

B: I won't let you down.
I promise you.

がっかりさせません。約束します。

---

1 I'm counting on you.

everyone

---

2 You can rely on him.

everyone

---

3 I depend on my (older) brother.

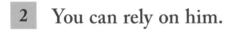
everyone

---

4 That company is legit.

everyone

---

5 It's my go-to app.

everyone

数えるの count に on を付けると「頼りにする」に

count は通常「数える」を意味しますが、count on として使う場合は、相手に対して期待を表す意味をもち、〈count on ＋人〉の形で使われることが一般的です。

「している」は現在進行形で表現するのがポイント。

ちなみに、「私に任せてください！」は、You can count on me. と表現します。

頼りにしているよ。	「いつも頼りにしている」と言いたい場合は、進行形ではなく、現在形を使い、I count on you. と言います。count on は「計算ずくで頼る」というニュアンスがあります。
彼は頼りになるよ。	rely（頼る）には「経験から判断して信頼をおく、（相手を）信頼する」といったニュアンスがあります。「〜は頼りになる」は You can rely on〜. で表現します。
私は兄を当てにしているんだ。	depend には「ぶら下がる」という意味があることから、depend on には「依存する」のニュアンスが含まれます。
あの会社は信頼できます。	legit は legitimate（本物の、まっとうな）の省略形。ものやサービスだけでなく、人に対して使うこともできます。
これは、私が頼りにしているアプリです。	go-to は口語で「頼りになる」の意味です。app は application の略で、会話ではアプリを app と呼びます。

失敗

A: Is everything OK? You look down.

大丈夫？　落ち込んでいるようだけど。

**B: I totally blew
the interview today.** *blew = blow
の過去形

今日の面接、完全にダメだったよ。

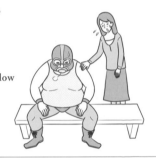

| 1 | I blew the presentation today. | | everyone |

| 2 | He keeps on making careless mistakes! | | everyone |

| 3 | I screwed up. | | everyone |

| 4 | Make sure you don't mess this up. | | everyone |

| 5 | I'm in the doghouse. | | man |

blow（吹く）には、失敗の意味がある

blow は「吹く」のほかに「失敗する、しくじる」の意味があり、**blow** の後には目的語が続きます。この表現は、人間関係を台無しにする場合にも使うことができ、例えば「彼女との関係を台無しにした」は、I **blew it with her.** のように表現します。

今日のプレゼン、ぜんぜんダメだった。	**blew** は **blow** の過去形です。**blow** には「緊張して失敗した」というニュアンスがあります。
彼はケアレスミスばかりしているよ。	**mistake** は「ミス、過ち、失敗」を表す定番表現で、「いつもミスをする」と言う場合は複数形にします。**keep on making** 〜 は「〜し続ける」が直訳で、そこから「〜ばかりする」という意味が生じます。
やってしまいました。	取り返しのつかないような大失敗をしてしまい、計画やプロジェクトなどを台無しにする意味として、ビジネスシーンや日常会話でよく使われます。
失敗しないように気を付けてね。	**mess up** は、小さな問題から大きな問題まで、様々な失敗や間違いを表すことができます。「気を付ける」は **Make sure**〜.（〜しないように確かめる）で表現しています。
まずい状況だ。	**in the doghouse** を直訳すると、「犬小屋の中」を意味することから、犬が何か悪いことをしてお仕置きに犬小屋に入れられて小さくなっている様子、つまりまずい状況になっている様子を表します。

責任

A: This is really getting out of hand.

だんだん手に負えなくなってきたね。

B: I agree. We need to go talk to the manager about this.

そうだね。この件はマネージャーに
相談したほうがいいかも。

---

1 This is getting out of hand.

everyone

---

2 It's out of control.

everyone

---

3 Who's in charge of the sales department?

everyone

---

4 Who's responsible for this mistake?

everyone

---

5 I take pride in my job.

everyone

手に負えなくなったときに使える表現

get out of hand は、ビジネスでも日常会話でも使える便利な表現です。あまりにも忙しかったり、仕事の量が多すぎて手に負えなくなってしまったような状況で使えます。さらに、その状況をコントロールできなくなってきたときにも使える表現です。
ちなみに、**out of hand** と **out of control**（**2**）は同じ意味になります。

だんだん手に負えなくなってきたね。	現在進行形で「（状況が）そうなりつつある」ことを表現しています。「（状況が）間違いなく、明らかに」変化しているというニュアンスを really が表しています。
手にあまるよ。	control の代わりに hand（**1**）でも同じ意味。out of 〜 は「〜がなくて」という意味なので、「コントロールがない」が直訳です。
営業部の担当者は誰ですか？	charge は「責任」という意味で、in charge of 〜で「〜を担当して、任されて」に。「営業部」は sales department のほか、sales division と表現されることもあります。
このミスは誰の責任なの？	responsible の後に for が来ることに注目。responsible は「（職務、問題など）に対して責任がある」、**3** の charge は「管理責任がある」といったニュアンスがあります。
自分の仕事に誇りを持っています。	動詞は have ではなく、take を使うことに注意しましょう。take proud of という表現を知っている人もいるかもしれませんが、take pride in と同じ意味。proud には of、pride には in が続きます。

歓迎

◀》085

A : I'm going to be in San Francisco next month.

来月、サンフランシスコに
滞在する予定なんだ。

B : You are more than welcome to stay with us.

ぜひうちに泊まってね。

---

1 You are more than welcome to join our group.

everyone

---

2 I will show you a good time when you come to Japan.

everyone

---

3 It's really nice to have you here!

everyone

---

4 I'm so glad to see you!

everyone

---

5 Thank you for your hospitality.

everyone

「大歓迎」は welcome で表す

welcome はお馴染みの「ようこそ」のほか、「自由に〜をしてよい」「いつでも〜してよい」といった意味として日常会話で使われます。
welcome to〜 には「(〜するのを) 歓迎する」のニュアンスがあり、前に more than を付けて more than welcome to〜 にすると「(〜するのは) 歓迎以上です」、つまり「大歓迎です」となります。to 以下で、歓迎する内容を表しています。

私たちのグループに加わってくれるのは大歓迎よ。	join は「〜の仲間になる」という意味で、グループやチームに誰かが加わるときにぴったりの語です。
日本に来たら、楽しい場所やお店に連れて行ってあげるね。	show a good time は、直訳では「楽しい思いをさせる」であり、そこから「楽しい場所やお店に連れて行く」という意味が生じます。
いらっしゃい！	nice to have you は、「あなたがいてうれしい」の意味となることから歓迎の挨拶となります。Welcome! 一語でももちろんOK。
会えてうれしいです！	I'm so glad to〜. は、「〜してとてもうれしい」の定番表現。なお、glad は一般的な「うれしい」、happy は「満足してうれしい」というニュアンスの違いがあります。so の代わりに very を使うこともできます。
おもてなしをありがとうございます。	hospitality は「歓待」「厚遇」といった意味ですが、「おもてなし」にぴったりな英単語です。

タイミング、頻度

A：How often do you go camping?

君はどれくらいの頻度でキャンプに行く？

B：I hardly ever go camping.

キャンプには、滅多に行かないなぁ。

---

1 I feel like I hardly ever go out these days.

everyone

---

2 Maybe you caught him at a bad time.

everyone

---

3 Buses in Los Angeles are almost always late.

everyone

---

4 Nine times out of ten, my wife is right.

everyone

---

5 I'm not big on sushi but I do eat it from time to time.

everyone

強調したいときは ever を加える

hardly ever は「滅多に〜しない」「ほとんど〜ない」を意味します。rarely より頻度が少なく、ほぼ0％に近い状態を表します。
hardly だけでも表せますが、頻度の少なさをより強調したいときは ever を加えましょう。
なお、同じ意味の表現に、once in a blue moon があります。青い月は滅多に見られないことから、この意味となりました。

最近は滅多に外へ出かけていない気がする。

ever は、修飾する語（ここでは hardly）の意味を強調します。ちなみに、feel like は、後ろに動名詞（動詞の ing 形）を続けると「〜したい気がする」という意味に。

タイミングが悪かったのかもね。

直訳の「悪いときにつかまえた」から、「タイミングが悪かった」の意味になります。

ロサンゼルスのバスは、ほぼ必ず遅れてくるんだ。

almost（ほとんど）は後ろに続く語を修飾します。日本語でも「ほぼいつでも」と言ったりしますね。英語にもそのような「似た意味の重複表現」があります。

大抵の場合、妻が正しいよ。

直訳の「10回のうち9回」から、「大抵」の意味になります。「大抵」は usually（80％くらいの頻度）でも表現することができます。

お寿司はあまり好きではないけど、時々食べるよ。

from time to time の代わりに、some times でも同じ意味に。big on は「大好き」というイディオムで、not で否定することで「あまり好きではない」となります。

貸す／借りる

087

A：Can I borrow your computer?

パソコンを借りてもいいですか？

B：Of course.

もちろん。

---

1 Can I borrow your computer?

everyone

2 I owe you big time.

everyone

3 I lent him a book.

＊lent = lend の過去形

everyone

4 He is renting his room to his friend.

everyone

5 Can you give me a hand?

everyone

borrowは、相手から「借りる」ことがポイント

周囲の人から一時的に何かを（無償で）借りる場合は、borrowを使います。自分が相手に貸すのではなく、相手から「借りる」ことがポイントです。borrow = take（ある期間受け取る）と覚えるといいでしょう。
なお、文章で使う場合は、下記のパターンで覚えて。

borrow + something（物）+ from + somebody（人）
borrow + something（物）+ from + place（場所）

パソコンを借りてもいいかな？	相手が持っているものを借りてもいいか尋ねる場合はCan I〜？を使って尋ねます。
君には借りがあるよ。	oweはもともと「借金」を意味しますが、誰かに助けられたときに感謝の気持ちを示す表現としても使います。
彼に本を貸しました。	「貸す」と言いたいときに最も一般的に使われる表現で、lendは「無料」で貸す際に使います。lend a handで「手を貸す」、lend supportで「支持する」に。
彼は友人に部屋を貸しているんだ。	rentのポイントは「有料」で貸すことです。主に、レンタカーやアパート／家／部屋、ＤＶＤ／ＣＤなどに使われます。
手を貸してくれない？	give someone a handは、「助ける」「手伝う」を意味します。日本語では「手を貸す」と言いますが、英語の場合は「手を与える（give）」に。lend someone a handと表現することもできます。

お会計

◀)) 088

A: What's the damage?

お会計はいくら？

B: Let me see.
It'll be 20 dollars each.

確認するね。1人20ドルだね。

1	What's the damage?

everyone

2	How much is it?

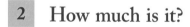
everyone

3	I'll get it.

everyone

4	Is everyone OK splitting the check?

everyone

5	Can we have separate checks, please?

everyone

「いくら？」は damage（損害）で表すことも

damage は「損害」「損傷」を意味する単語ですが、レストランなどでの会計時に支払額を確認するときや支払額を伝えるときなどに使われることがあります。

これは、「財布に対するダメージ」の意味合いがあり、友だちや同僚に冗談っぽく聞く表現です。一般的な How much is it？（いくらですか？）と使い分けましょう。

冗談を交えた表現なので、普段は How much is it？（おいくらですか？）でOK！

お会計はいくら？	友だちや同僚に対して使う非常にカジュアルな表現。フォーマルな場面での使用は避けましょう。
いくらですか？	言わずと知れた「値段」を尋ねる定番表現。How much〜？は、お金のほか、数えられないものがどのくらいあるかを聞くときにも使います。money は数えられない名詞なので much を使っています。
おごるよ。	it は伝票のことを指すので、I'll get the bill. / check. / tab. と言うこともできます。「次回は私がおごります」は、I'll get it you next time. に。
みんな、割り勘でいい？	「割り勘」を表す最もナチュラルな表現。go dutch と表すこともありますが、実際はその表現はほとんど使われません。
お会計は別々でお願いします。	個別に支払いをする場合によく使われるフレーズです。checks の代わりに bill も使えます。

気を付ける

A : I'm not feeling well.

体調が悪いんだ。

**B : Be careful
not to catch a cold.**

風邪をひかないように気を付けて。

1	Be careful.		everyone
2	Watch out!		everyone
3	I walk every day and watch what I eat.		everyone
4	Just make sure it doesn't happen again.		everyone
5	Can you keep an eye on the bags?		everyone

Be careful. は「気を付けて」を広く伝えらえる

careful は「気を付ける」「注意深い」などの意味があり、be careful は一般的な「気を付けて」の意味を幅広く伝えられる表現です。
気を付ける内容は、Be careful not to catch a cold.（風邪をひかないように気を付けて）のように、後ろに続けて説明します。

気を付けて。	「気を付けて」の定番表現です。「これから起こる（かもしれない）ことについて気を付ける」ときに使います。
危ない！	¹の「これから起こる（かもしれない）ことについて気を付ける」に対し、Watch out! は「いますぐ、見て気を付けて！」というニュアンス。よりロ語的な言い方として、Heads up! もよく使われます。
毎日歩いて、食べものにも気をつかっています。	watch は「気にかけて注意する」というニュアンスの語で、ここから「気をつかう」の意味が生じます。ちなみに、what I eat で、「（私が）食べるもの」の意味に。
同じことが起こらないように注意してね。	make sure（確実に～する）を使って、注意を表現しています。
バッグを見ててくれる？	駅などの混雑した場所で、スーツケースやバッグを複数持っているような状況で使う表現。「目」は、eye と単数形にします。keep an eye on～ は、「～に目を置き続ける」から「世話をする」の意味もあります。

嘘をつく

◀リ 090

A：I don't feel like going out with my friends tonight.

今夜は友だちと出かけたくないな。

B：Why don't you just tell a white lie and say you're feeling sick?

軽い嘘をついて体調不良って
言えばいいんじゃない？

---

1 I told a white lie and said that I was feeling under the weather.

everyone

---

2 He is obviously lying to you.

＊lying = lie（嘘をつく）の現在分詞

everyone

---

3 He got caught cheating on his test.

＊got caught =（嘘や隠しごとなどが）ばれる

everyone

---

4 That sounds fishy.

everyone

---

5 She didn't show up again? She's so flaky.

everyone

white が「嘘」をポジティブなイメージに

white lie は「たわいのない嘘」を意味し、相手を傷つけないように優しい嘘をつく意味が込められています。状況によっては「お世辞」や「社交辞令」の意味になりますが、**white のもつよいイメージが、嘘というネガティブなイメージを打ち消しています。** ちなみに、「悪い嘘」は black lie。一方、日本語でいう「真っ赤な嘘」は、英語では色名はつけず、**complete lie**（完全な嘘）や **blatant lie**（見え透いた嘘）などと言います。

体調が悪いとつまらない嘘をつきました。	**under the weather**（体調が悪い）は、船乗りが体調が悪くなった際、雨風を避けられるデッキで体調を整えたことが由来のイディオムとも言われています。
明らかに彼は嘘をついています。	ここでは動詞の lie（嘘をつく）を現在分詞にして使っていますが、名詞の lie（嘘）を用いて **telling a lie** で表現することもできます。
彼は試験中にカンニングをしているのがばれた。	cheat は「騙す」の意味ですが、いわゆる「カンニング」を表すときにも使う語です。
なんかうさんくさいな。	**fishy** は、生臭い魚は腐っているのではと疑いを持つことが転じて、「怪しさ」を表します。「うさんくさい」は fishy のほか、**suspicious**（疑わしい）で表現することも。
彼女また来なかったの？本当に適当な人だね。	約束をすっぽかしたりドタキャンする人、いわゆる「いい加減な人」のことを **flaky** と表します。「彼はいい加減な人です」は、口語っぽい表現で He's flaky. と言います。

秘密

◀)) 091

A: **Peter let the cat out of the bag** and told her about the surprise party.

ピーターがサプライズパーティのことを
彼女にバラしちゃったんだ。

B: He can never keep secrets.

彼は本当に口が軽いね。

---

1 Don't let the cat out of the bag.

everyone

---

2 My sister gave it away.

everyone

---

3 Keep it to yourself.

everyone

---

4 Make sure you keep it under wraps.

everyone

---

5 This is (just) between you and me.

everyone

豚の代わりに猫を売ろうとしたことが由来

let the cat out of the bag（秘密を漏らす）は、秘密を暴露する意味合いで使われるイディオム。なぜ、**cat**（猫）がバッグから出てくるという表現かというと、昔、豚の取引をする際に、豚の代わりに猫を袋に入れて売ろうとしたら、猫が出てきてしまってばれた、という話が由来といわれています。このような記憶に残りやすいエピソードがあると、覚えやすいですね。

秘密を漏らさないようにね。	**let** は「〜させる」。それを否定した命令文なので、直訳では「猫が袋の中から出ないように」となります。
私の妹が秘密をばらしちゃった。	**give it away** も日常会話でよく使われるフレーズで、**it** は **secret**（秘密）を指します。**give away** には、「（景品などを）配る」という意味もあります。
誰にも言わないで。	直訳で「自分にとどめておいて」。つまり、他人には言わないでほしい、他人に言うまで少し待っていて欲しいといったときに使います。
内緒にしておいてね。	**wrap** は「ラッピング」の「ラップ」、すなわち「覆うもの」という意味で、その下にあることから、「秘密」の意味になります。
ここだけの話にしておいてください。	**between you and me** を直訳すると、「私とあなたの間」。つまり、二人だけの秘密にしておきたいときに使える表現です。**between you and me** の前に、**just** を加えて使うことが多いです。

満腹／お腹がすいた

◀🔊092

A : Would you like some dessert?

デザートはいかがですか？

B : No thanks. I'm stuffed.

結構です。満腹なんだ。

---

1 I'm stuffed.

everyone

---

2 I'm full.

everyone

---

3 I can't eat anymore.

everyone

---

4 I'm starving.

everyone

---

5 There's always room for dessert!

everyone

「ごちそうさま」の代わりの言い方

I'm stuffed.（満腹です）は、料理を食べ終わった後に言う表現です。アメリカには、日本語の「ごちそうさま」を直訳できる表現がないので、「満腹です」のひと言を食べ終わりの合図にすることがよくあります。

stuff には、stuffed bell pepper（ピーマンの肉詰め）のように「詰まった」ニュアンスがあります。
「満腹です」は、I'm full. もよく使われます（**2**）。

ちなみに、ぬいぐるみは、stuffed animal（ぎゅうぎゅうに詰まった動物）と言います。

満腹だ。	食べものを勧められたときに断る意味でこの表現を使うときは、No thanks. と一緒に使うと◎。
お腹いっぱい。	full は日本語になっている「フル（いっぱいの）」の意味。**1**同様、「お腹いっぱい」の定番表現です。
もう食べられない。	anymore が、「もうこれ以上〜ない」のニュアンスを表します。
お腹ペコペコ。	starve は直訳では「餓死する」という意味。そこから「ペコペコ」の意味を表します。
デザートは別腹だよ！	There's always room for〜. は、「いつも〜の場所がある」が直訳で、そこから「別腹」というニュアンスに。ちなみに room は、「（人やものの占める）場所」の意味では不可算名詞になるため、冠詞は付きません。

お酒／酔う

A：Do you drink?

お酒は飲む？

B：No, I don't drink very much.

いいえ、僕はあまりお酒を飲みません。

1	I don't drink very much.		everyone
2	I'm buzzed.		everyone
3	I'm wasted.		everyone
4	I get drunk easily.		everyone
5	He's hungover.		everyone

お酒を「飲む」「飲まない」は drink で表す

普段お酒を飲まないことを伝えたい場合は、drink を使い、I don't drink（very）much. と言います。
お酒が弱いと表現したい場合は I can't drink（very）much.、お酒が全く飲めない場合には I can't drink. と、いずれも can't を使って表すことができます。

ちなみに「しばらく禁酒するよ」は、I'm going to stop drinking for a while. と言います。

お酒をあまり飲みません。	「お酒をよく飲む」と言いたいときは、don't を取り、I drink very much. と表現します。ちなみに、「しらふです」は、I'm sober. と言います。
ほろ酔いです。	buzzed はわくわくしたり、興奮したりすること。そこから「ほろ酔い」という意味が生じています。buzzed の代わりに、tipsy（ほろ酔いの）もよく使われます。
ベロベロの状態です。	形容詞の wasted は「役に立たない、壊れた（状態）」の意味。つまりベロベロの状態を表します。wasted のほか、trashed という言い方もします。
私はすぐに酔っ払います。	get drunk で「酔っ払っている（状態になる）」。easily は easy（簡単な）の副詞で、「簡単に」という意味なので、そこから「すぐに」という意味が生じています。
彼は二日酔いだよ。	「彼は二日酔いです」と言うときは、名詞の hangover を使い、He has a hangover. と言ってもOK。この場合は、例文の be 動詞＋hungover に対し、have を使うことがポイントです。

太る／やせる

A：Don't you think Peter put on some weight?

ピーターは、ちょっと太ったと思わない？

B：Yeah, he looks a little chubby these days.

そうだね、最近ぽっちゃりしているね。

1	Did you put on some weight?		everyone
2	If you don't exercise, you are going to gain weight.		everyone
3	I have to go on a diet.		everyone
4	I have to lose weight.		everyone
5	He's scrawny.		everyone

お馴染みの fat（太る）は、「デブ」を意味する

「太る」の put on weight は、ポジティブとネガティブの両方の意味合いを持ちます。そのため、食べすぎや運動不足が原因で太った場合はもちろん、筋トレなどで筋力が増えた結果、体重が増えたときにも使われます。
「太る」と聞いて、真っ先に思い浮かぶのは、fat という単語だと思いますが、fat は日本語の「デブ」に相当する、基本的にはネガティブな意味を表す単語なので注意しましょう。

ちょっと太った？	some は「いくらかの」を意味するので、「ちょっと」を表現しています。具体的に何キロ増えたかを表現するときは、put on X kilograms（X キロ太った）となります。
運動しないと、太るよ。	gain weight の反対は lose weight（やせる）。ちなみに、「運動する」は exercise のほか、work out という表現がよく使われます。
ダイエットしないと。	be on a diet と言うと「ダイエットをしている」という意味に。diet は必ずしも「ダイエット」ではなく、「食べもの、食習慣」という意味もあります。
やせなきゃ。	2 の gain weight（太る）の反対の表現が、lose weight（やせる）。「3 か月で 4 キロやせる」と具体的に言いたい場合は、lose 4 kilos in 3 months のように表現します。
彼はガリガリにやせています。	scrawny は「ガリガリにやせている」を意味する単語。どちらかというとマイナスな意味で使われます。

切り上げる

A : It's already 8 o'clock.

もう8時です。

B : Let's call it a day and go home.

今日はこの辺にして、帰ろう。

---

1 Let's call it a day.

everyone

---

2 Let's wrap up this meeting.

everyone

---

3 Sorry. I've got to run. I have to catch the last train.

everyone

---

4 We had to cut our vacation short.

everyone

---

5 The class was cut short this morning.

everyone

一日の仕事の終わりにこのひと言！

Let's call it a day. は、一日の仕事の終わりを示す決まり文句です。
同じく **wrap up（2）** も「仕事を切り上げる」を意味しますが、**call it a day** が「その日の仕事を切り上げて帰宅する」のに対して、**wrap up** は「今している仕事を切り上げる（次の仕事に取りかかる）」ことを表すという違いがあります。

今日はこの辺で切り上げましょう。	**We should call it a day.** と言ってもOKです。「切り上げて帰宅する」という意味合いなので、**wrap up（2）** ではなく、**call it a day** で表現しています。
もうそろそろ、会議を終わらせましょう。	**wrap up** は「包み込む、くるむ」という意味なので、終わって荷物をまとめるイメージで覚えるとよいでしょう。
ごめん、終電があるのでもう行かないと。	急いでいるときに、「今すぐ行かないといけない」を意味するフレーズ。親しい間柄であれば、**I've got to run.** のひと言でも。
休暇を予定より早く切り上げないといけなかったんだ。	**cut short** は直訳すると「切って短くする」。そこから「（予定より早めに）切り上げる」の意味になります。
今朝の授業は早めに切り上げられたよ。	人ではなく、切り上げる「こと」を主語にする場合は、受動態の **be cut short** の形を使います。**cut short** は「短く切る」が直訳で、そこから「中断する」の意味が生じます。

自慢する

A: I make more than 20 million yen a year.

僕は年間2000万円以上稼いでいるんだ。

B: Stop bragging.
It's annoying.

自慢するのはやめてくれ。イライラする。

1	He brags a lot.		 everyone
2	Peter always shows off his car.		 everyone
3	He always boasts about his son.		 everyone
4	He is a bit of a show-off but he's a nice guy.		 everyone
5	She exaggerates all the time.		 everyone

brag はネガティブな意味の「自慢」

brag は、傲慢な態度で自慢（話）をすることを意味します。いい気になって話を誇張したり、自分が成し遂げたことを過大評価したりするなど、基本的にネガティブな意味として用いられます。
ちなみに、brag（自慢）する人は、自信がないことが原因でそのような態度をとっている人だと見なされることが多いので、気を付けましょう。

彼は自慢話をたくさんする。	同じ「自慢する」を表す単語に boast（**3**）という語がありますが、brag はこの boast に比べ、話し手の「高慢さ」が強調されます。
ピーターはいつも自分の車を見せびらかすんだ。	show off は「自分の能力や成果、所有物などを自慢げに人前で見せびらかすこと」を表します。
彼はいつも自分の息子のことを自慢げに話しています。	boast は自分の成果に自信をもって誇らしげに報告しているニュアンスがあり、ポジティブな意味合いとして用いることができます。第三者のことについて、誇らしげに話す様子を表すのに用いられます。
彼は少し目立ちたがり屋ですが、よい人です。	名詞の show - off は、「目立ちたがり屋」や「自慢屋」の意味になります。
彼女はいつも大げさに言うのよね。	何かを大げさに言ったり、誇張したりすることを exaggerate と表現します。この単語は、単に話を面白くするためだけでなく、危険性や重要性をきちんと伝えるために、あえて誇張する場合にも用いられます。

ネイティブに通じない！
勘違い
カタカナ英語 vol.2

Vol.2

日頃、何気なく英語だと思って使っていたカタカナ英語。実はそれ、ネイティブには通じないかもしれません！　vol.2では、会話などの表現に関する勘違いカタカナ英語を3つご紹介します。

【マイペース】 ⇨ 〜 at one's own pace.

日本では自分のペースで行動する人を「マイペース」と言いますが、これはネイティブには通じません。最も近いニュアンスが 〜 at one's own pace.（自分のペースで〜をする）です。at の前には動詞を入れます。

one's は my / his / her / their に置き換えます。

【ジャスト】 ⇨ exactly

日本語で「ジャスト」は「丁度、ぴったり」という意味で使われることがありますが、英語では exactly を使います。Just 5000 yen.（5000円ジャスト）と言うと、「たったの5000円」の意味になるので注意。

× just ○ exactly

【ケース・バイ・ケース】 ⇨ It depends.

「ケース・バイ・ケース」は英語でも case by case と表現しますが、使うことはあまりありません。一般的には It depends. を使います。「〜による」と具体的な内容を示す際は、It depends on 〜. で表現します。

depend は「頼る」「当てにする」という意味です。

CHAPTER7

旅先で

旅先では、現地の人に積極的に話しかけたいもの。
道を尋ねたり、ホテルにチェックインしたりするフレーズは
決まり文句が大半です。何度か口にして覚えておくと◎！

この辺りに
コンビニは
ありますか？
Is there a convenience
store around here?
p.228

どこで降りたら
いいですか？
Where do I get off?
p.228

お勧めは
何ですか？
What do you
recommend?
p.230

付け合わせは
何ですか？
What comes with that?
p.230

どれくらいの
量ですか？
How big are the portions?
p.230

空室は
ありますか？
Do you have any
vacancies?
p.232

Wi-Fiは
付いていますか？
Do you have Wi-Fi?
p.232

ABCカードは
使えますか？
Do you take
ABC Credit Card?
p.232

エアコンが
壊れています。
The AC is not working.
p.234

荷物を預かって
いただけますか？
Can I leave my baggage
with you?
p.234

すみません、
このシャツを
試着したいのですが。
Excuse me. Can I try
this shirt on?
p.236

道を尋ねる

A : Excuse me. **How do I get to ABC Hotel ?**
ABCホテルまでは
どうやって行けばいいでしょうか。

B : Turn right at that street.
あの道を右に曲がります。

---

1 How do I get to Griffith Park?

everyone

---

2 Can you tell me how to get to Santa Monica?

everyone

---

3 What's the best way to get to Seattle?

everyone

---

4 Is there a convenience store around here?
＊around here ＝この辺り

everyone

---

5 Where do I get off?

everyone

道を尋ねる際の定番表現

How do I get to ～? は、道を尋ねるときに使えるカジュアルな表現です。

後ろに場所が続きますが、映画館や銀行、スーパーなど、一般的な場所を聞く場合は、**the movies, the bank, the grocery store** のように、必ず **the** が入ります。これに対し、**ABC Hotel**（ABC ホテル）や **Central Park**（セントラルパーク）など固有名詞となる特定の場所には、**the** は基本的に付けません。

グリフィスパークまではどうやって行くんですか？	このように、固有名詞を尋ねる場合は、**the** は付けません。ちなみに、グリフィスパークはロサンゼルス・ハリウッドの北に広がる丘陵を活かした自然公園です。
サンタモニカへの行き方を教えてくれますか？	**how to get to ～** は、「セサミストリート」のテーマソングにも出てくる「～にはどうやって行きますか？」の表現。ちなみに、**can** を **could** に変えると、より丁寧な言い方に。
シアトルへ行く一番いい方法は？	「一番早い行き方」と速さを尋ねる場合は、**best** を **fastest** に変えて、**What's the fastest way to get to Seattle?** に。
この辺りにコンビニはありますか？	目印を起点に尋ねる場合は、**Is there ～?**（～はありますか？）を使うこともできます。
どこで降りたらいいですか？	バスや電車などで目的地に行く場合に使える表現。「乗る」と言う場合は、**get on** に。ちなみに、自家用車やタクシーの場合は、乗るときは **get into**、降りるときは **get out of** と表します。

レストランで

A：Are you ready to order?

ご注文はお決まりですか？

B：Can you give me another minute?

もうちょっと時間をください。

---

1 Can you give me another minute?

everyone

---

2 What do you recommend?

everyone

---

3 What comes with that?

everyone

---

4 Excuse me, are there mushrooms in this pasta?

everyone

---

5 How big are the portions?

everyone

レストランで、もう少し考えたいときの定番表現

この表現は注文がまだ決まっていないときに「ちょっと時間をください」と伝える、レストランでの決まり文句。
We need another minute. でも同じ意味になります。

もうちょっと 時間をください。	another minute を、a few more minutes に置き換えてもOK。
お勧めは何ですか？	**Do you have any recommendations?**（お勧めはありますか？）でも同じ意味に。**What is today's special?**（今日の特別メニューは何ですか？）と聞いてもいいでしょう。
付け合わせは何ですか？	料理の付け合わせについて尋ねる表現。that の代わりに the hamburger special などメニュー名を用いることもできます。ちなみに名詞の「付け合わせ」は、side dishes です。
すみません、このパスタにきのこは入っていますか？	料理に何が入っているかを確認するときの定番表現。単に「何が入っているか」を聞く場合は、**What's in this pasta?** と尋ねます。なお mushroom は「マッシュルーム」に限らず、きのこ全般を意味します。
どれくらいの量ですか？	portion は「1人分の量」の意味。**How many people does it serve?**（何人分ですか？）と聞いてもいいでしょう。

ホテルで①

A：Checking in?

チェックインでございますか？

B：Yes, **I have a reservation under Taro Tanaka.**

はい、予約している田中太郎です。

1	I have a reservation under Yamada.

everyone

2	Do you have any vacancies?

everyone

3	What are your rates?

everyone

4	Do you have Wi-Fi?

everyone

5	Do you take ABC Credit Card?

everyone

「予約している●●です」は under を使う

ホテルでチェックインをする際、予約をしている
ことと名前を伝える必要がありますが、under を
使って、〈I have a reservation under +名前〉
ならワンフレーズで言えます。
名前を言うときは、ファーストネーム（名前）、ラ
ストネーム（名字）の順で伝えることが一般的。

> ホテルに限らず、レストランの予約でも使えるので、覚えておこう！

予約している山田です。	have a reservation（予約をもっている）で「予約している」という意味。I have a reservation. My name is Yamada. と分けて伝えても、もちろんOK。
空室はありますか？	主語と動詞を省略して、**Any vacancies?** という言い方も一般的。**Do you have any rooms available?**（空室はありますか？）を使うこともできます。
一泊いくらですか？	**How much is your room rate?** でもOK。「料金・価格」を表す単語は複数ありますが、一定の基準に基づいて決められた料金は **rate**、乗り物の運賃は **fare**、ものやサービスの料金は **price** と使い分けます。
Wi-Fiは付いていますか？	**Can I use the internet in my room?**（客室でインターネットは使えますか？）のように聞いてもいいでしょう。
ABC カードは使えますか？	take の代わりに accept を使うこともできます。**ABC Credit Card** の代わりに、自分が使いたいカードを入れましょう。

233

ホテルで②

A:Do you offer a complimentary breakfast?
無料の朝食は提供していますか？

B:We sure do. It's served from 7 a.m.-10 a.m.
はい、午前7時から10時の間に
ご提供しております。

---

1 Do you offer a complimentary breakfast?

everyone

---

2 What time is breakfast served?

everyone

---

3 We are out of shampoo.

everyone

---

4 The AC is not working.

everyone

---

5 Can I leave my baggage with you?

everyone

朝食の有無は、おもてなし用語で尋ねる

ホテルで無料の朝食が付いているのかを尋ねる表現です。「無料」は free を使って表現しがちですが、ホテルでは「好意として、無償で招待する」というニュアンスが込められたおもてなし用語の一つである complimentary を使うのが一般的。別の表現では、**Is a complimentary breakfast served?**（朝食のサービスは付いていますか？）があります。

ビジネス用語でお馴染みの offer（提供する）は、観光や旅行のシーンでもよく使われます。

無料の朝食は提供していますか？	**complimentary Wi-Fi**（無料 Wi-Fi）や **complimentary coffee**（無料のコーヒー）などもよく使われます。
朝食は何時からですか？	**What time ～?**（何時ですか）はよく使われる表現なので、ぜひ覚えておきましょう。serve は service（サービス）の動詞で、「食事を出す」という意味。
シャンプーがなくなりました。	「最初からなかった」という場合は、**don't have** も使えます。be out of は「（備品などを）使い切ってなくなる」というニュアンス。
エアコンが壊れています。	**AC** は air conditioner（エアコン）の略。work は「作動する」なので、is not working で「動いていない」から「壊れています」のニュアンスとなります。
荷物を預かっていただけますか？	**baggage** は不可算名詞なので複数あってもsは付きません。「荷物」は、アメリカ英語では baggage、イギリス英語では luggage と言います。また、アメリカ英語、イギリス英語のどちらでもよく使われるのが bags です。

ショッピングで

A : Hi, can I help you find something?

何かお探しですか？

B : Yes, I'm looking for a pair of shoes.

ええ、靴を探しているんです。

1	I'm looking for a pair of jeans.	everyone
2	Do you have this in a smaller size?	everyone
3	Does this come in blue?	everyone
4	Excuse me. Can I try this shirt on?	everyone
5	I'd like to return this dress.	everyone

店員から声を掛けられたら

店に入ると多くの場合、店員から、**Can I help you find something?**（何かお探しですか？）と声を掛けられます。その際、黙っていると感じが悪いので、「〇〇〇を探しています」と、答えるようにしましょう。

欲しいものが決まっていない場合も黙っていないで、**I'm just looking. Thank you.**（見ているだけです。ありがとう）と返すと◎。

「また来ます」は、**I'll come back later.** と言います。

ジーンズを探しています。	ジーンズや靴など、対になっている名詞を数える場合は、**a pair of** を使い、続く名詞は複数形にします。
これの小さいサイズはありますか？	今あるものと比較しているので、**smaller** と比較級を使います。「これのMサイズはありますか」は、**Do you have this in a medium?** に。
これの青はありますか？	**come** は、「商品が売られている」という意味でも使われます。2 の言い回しを使い、**Do you have this in blue?**（これの青はありますか？）と言ってもOK。
すみません、このシャツを試着したいのですが。	肯定文を使った **I'd like to try this on.** でもOK。また、**Can I try on this shirt?** とも言えますが、試着したいものを **this**（これ）で表現しているときは **try this on** のほうが自然に聞こえます。
このドレスを返品したいのですが。	**I'd like to** を **I want to** に置き換えても意味合いは同じですが、**I'd like to** のほうが丁寧な響きに。「違う色のドレスに交換したい」は、**I'd like to exchange this dress for another color.** に。

おわりに

　私が日本で日本語を勉強していたときは、「新しい表現を学ぶ」→「テレビや会話でその表現を見聞きする」→「ワクワクする」→「もっと表現を身につける」の繰り返しでした。学んだ表現が実際の会話に出てきたときは本当に嬉しくてワクワクしますし、そのワクワク感こそが英語学習を楽しみながら継続できる源であると信じています。

　本を読んだり、リスニングをすることは、英語学習に効果的です。しかし、学んだ表現を本当に習得するためには、その表現を実際に会話やSNSで使ってみたり、独り言でつぶやいてみたりなど、何らかの形でアウトプットして能動的に学習する必要があります。

　私は、新しい日本語の表現を学んだときは、常に友だちや同僚に対して使うようにしていますが、過去に「尋常通りです」のような不自然な日本語を使ってしまい恥ずかしい思いをしたこともあります。その後同僚から「尋常」の正しい使い方を教わったとき、改めて学んだ

言葉を使うことの重要性に気づかされました。間違った日本語を使ったことで恥ずかしい思いもたくさんしてきましたが、その恥ずかしい経験があったからこそ、その言葉の正しい意味と使い方をしっかり身につけることができました。

　私は、皆さんが英語でアウトプットができる投稿を週に数回インスタにアップしていますので、ぜひ本書で学んだフレーズにハッシュタグ「#Hapa リアルフレーズ」を付けて、気軽に英語でつぶやいてみてください。ふと思ったことや感じたこと、1日の予定やできごとなど何でも OK です。1日1フレーズつぶやくだけで大きく成長することができます。皆さんからのつぶやきを楽しみにしています！
Have fun and express yourself. Take it easy, peace ✌

ジュン・セニサック

Twitter

Instagram

ジュン・セニサック (Jun Senesac)

ロサンゼルス出身。母親が日本人、父親がアメリカ人のハーフ。カリフォルニア大学サンタバーバラ校在学中に1年間、一橋大学での交換留学のため来日。その後、国際交流員として石川県内灘町役場に赴任。2年間の勤務を経た後アメリカへ帰国。2011年に英会話学校BYB English Centerの姉妹校をアーバインに開校。著書に『Hip Talk LA』『Hapa英会話 ネイティブ感覚で話す英語フレーズ』(ともにDHC)などがある。

デザイン	谷口 賢 (Taniguchi ya Design)
イラスト	ひらのんさ
執筆協力	久松紀子、石田高広
ナレーション	ジュン・セニサック、水月優希、 レイチェル・ワルザー
音声収録	エレック録音スタジオ
DTP	株式会社アド・クレール
校 正	夢の本棚社
協 力	矢野知重
編集協力	株式会社スリーシーズン (花澤靖子、渡邉光里)
編集担当	小髙真梨 (ナツメ出版企画株式会社)

本書に関するお問い合わせは、書名・発行日・該当ページを明記の上、下記のいずれかの方法にてお送りください。電話でのお問い合わせはお受けしておりません。
・ナツメ社webサイトの問い合わせフォーム
　https://www.natsume.co.jp/contact
・FAX (03-3291-1305)
・郵送 (下記、ナツメ出版企画株式会社宛て)
なお、回答までに日にちをいただく場合があります。
正誤のお問い合わせ以外の書籍内容に関する解説・個別の相談は行っておりません。あらかじめご了承ください。

日常会話からSNS、ビジネスまで使える！
リアル英語フレーズ

2021年3月5日　初版発行
2024年7月1日　第3刷発行

著 者	ジュン・セニサック	©Jun Senesac, 2021
発行者	田村正隆	
発行所	株式会社ナツメ社	
	東京都千代田区神田神保町1-52　ナツメ社ビル1F (〒101-0051)	
	電話03(3291)1257 (代表)　　FAX03(3291)5761	
	振替00130-1-58661	
制 作	ナツメ出版企画株式会社	
	東京都千代田区神田神保町1-52　ナツメ社ビル3F (〒101-0051)	
	電話03(3295)3921 (代表)	
印刷所	広研印刷株式会社	

ISBN978-4-8163-6960-5　　　　　　　　　　　　　　Printed in Japan
〈定価はカバーに表示してあります〉〈落丁・乱丁本はお取り替えいたします〉

ナツメ社Webサイト
https://www.natsume.co.jp
書籍の最新情報（正誤情報を含む）は
ナツメ社Webサイトをご覧ください。